Isaura del Carmen Montaño Andrádez

Presencia Socio-simbólica Del Caribe Peninsular

Isaura del Carmen Montaño Andrádez

Presencia Socio-simbólica Del Caribe Peninsular

Un abordaje al imaginario caribeño

Dictus Publishing

Imprint

Cover image: www.ingimage.com

Publisher:
Dictus Publishing
is a trademark of
International Book Market Service Ltd., member of OmniScriptum Publishing Group
17 Meldrum Street, Beau Bassin 71504, Mauritius

Printed at: see last page
ISBN: 978-613-7-34942-7

DEDICATORIA

A la bella heredad que Dios me dio: Leomaris, Moisés y Jesús David. Cada uno de ustedes representa hermosas estaciones de mi vida. A mí querubín, Mathías Alessandro ¡Qué las luces de la esperanza y los reflejos de este logro resplandezcan sobre ustedes! Los amo.

A mi mamá, por la magia de su amor, de su entrega y dedicación. Bendita luz de mi ser. A ti papá, bendita luz de mi vida, que tejiste día a día con amor y sacrificio los sueños más hermosos y visionarios para mí. Hoy cristalizo tus sueños en los míos y ésa sigue siendo mi mayor gloria y mi gran satisfacción. Ustedes son los brazos invisibles de todo lo que soy.

A Joel, con quien comparto mi vida. Mis gracias infinitas por acompañarme incondicionalmente en todos mis sueños.

A todos mis hermanos con infinito amor filial, porque hemos aprendido en comunión a unir y a germinar nuestras semillas. Especialmente a Leonel, Tibaldo y Grímil: misioneros de esperanzas; valientes aventureros, abrigados- en estos momentos de tempestad histórica-- por la tierra mágica del Perú.

A Norelkis Guerra "la nena", el rostro humano de la solidaridad. A todas mis amigas, especialmente a Mercedes Leonor[+] por haber sido la amiga estelar de tantos momentos difíciles.

A los balseros perseverantes de esta brava tribu venezolana que hoy "hacen camino al andar" y desafían con "corazones arrugaditos" el polvo sagrado de la tierra para traspasar fronteras; mientras sus afectos se les disipan en la distancia. ¡Qué tu amor inagotable nos rodee, Señor, porque sólo en ti está nuestra esperanza! Salmo 33:22

AGRADECIMIENTO

A Jehová y Jesús de Nazaret por llenar mi vida de fe, de gracia divina y trazar un camino ancho para mis pies.

A mis amados padres por resguardar con tanto esmero, la varita mágica que concede mis deseos.

A los profesores, a mis compañeros de estudios y vivencias, a los estudiantes de mis diferentes estancias, porque junto a ustedes crecí intelectual, emocional, espiritual y personalmente.

A mis evocadores imaginarios de las Comunidades peninsulares. Especialmente al poeta Aníbal Núñez, a los cronistas Ramón Badaracco, Julio Hernández, Carlos Isaba por su condición de ángeles en esta travesía.

A la Dirección de Cultura de Araya, por cedernos sus espacios para soñar.

A mis compañeros del Grupo de Investigación "Simbiosis: Universidad- Comunidad" por compartir conmigo tantas aventuras y experiencias: En especial, a Manuel Marín por tanta solidaridad, a Jhonny Bolívar y Yarúa por tantas muestras de apoyo y momentos compartidos. ¡Mis gracias infinitas!

A la siempre bella de rostro incondicional, la Lcda. Nilda Monsalve por tantas muestras de apoyo.

INDICE

INDICE DE GRÁFICAS

PRESENCIA SOCIO-SIMBÓLICA DEL CARIBE PENINSULAR

Autora: Dra. Isaura del C Montaño Andrádez
Fecha: octubre, 2019.

RESUMEN.

Hoy se perciben complejos procesos de pérdida de identidad y vasos fragmentados entre los imaginarios caribeños que impiden que muchos de estos pueblos puedan pensarse, sentirse y soñarse inmersos en una dinámica de numerosos tiempos, espacios y culturas. Por ello, se plantea el compromiso de desplegar un horizonte teórico que intente redibujar el mapa, las miradas y la presencia socio-simbólica del caribe, sus tiempos y espacios; desde un abordaje al imaginario social de los peninsulares de Araya. Para efectos de esta indagación, se intentará habilitar zonas de articulación teórica, donde lo social y lo simbólico puedan encontrarse y establecer una relación implícita que reconfigure al imaginario caribeño. En aras de posibilitar este encuentro es vital convocar- en primera instancia- a los ejes categoriales: memoria histórica, identidad, transculturación, sincretismo, otredad y lo real maravilloso, bajo el despliegue de un ejercicio etnográfico derivado de un foro y de la co-creación de dos entrevistas configuradas dentro de un conversatorio. Todo ello entrelazado con hilos hermenéuticos. Esperamos, encontrar en las construcciones socio- simbólicas de los peninsulares; discursos impregnados de intuiciones, sentimientos, sensaciones, para pensar, junto a lo real, un lugar para re-inventarnos, para ensayar formas inéditas aún impensadas de identidad colectiva.

Palabras Clave: socio-simbólico, caribeño peninsular, memoria histórica, otredad, real maravilloso.

PRESENCIA SOCIO-SIMBÓLICA DEL CARIBE PENINSULAR

A MODO DE PROEMIO

El clima cultural del presente está impregnado del histórico debate sobre cómo interpretar el mundo y cómo repensarnos como sujetos sociales inmersos en el torbellino de la vida. Allí donde germina la rica cantera de la compleja realidad social, anecdótica, íntima, estética y valorativa; elementos que configuran la esencia de la vida cotidiana y que arropa incluso, al sujeto investigador. Esta situación implica que la percepción y valoración del otro demanda, necesariamente, la aceptación y tolerancia de lo diverso, lo intersubjetivo y lo simbólico propio de cada cultura. Dentro de este contexto, se escuchan voces a escala planetaria que abogan por el rescate de la memoria histórica de los pueblos.

Para tal fin, esta investigación que se desliza por la ribera caribeña de la Península de Araya- Estado Sucre - Venezuela lleva como navegantes a la memoria histórica, la poética, los mitos, las leyendas, creaciones musicales, diversiones, tradiciones y toda la magia ancestral caribeña en un intento de atarrayar la presencia socio-simbólica del Caribe, sus diversos tiempos y espacios, desde un abordaje al imaginario social de los peninsulares de Araya.

Es una travesía geo- histórica de tiempos y espacios, que pretende reconstruir desde su génesis, la imagen geo-poética del Caribe que la historia colonial nos presenta como piragua sumergida, desgarrada por tanta indiferencia. Aquí se visualiza un saber diferente de la mano alquimista de la investigadora; ya que escudriña en las miradas, descripciones y relatos la cosmovisión implícita en el alma mítica caribeña, transculturada por un juego de planos que se mezclan y se confunden.

Dentro de este contexto, emerge este ejercicio etnográfico, entrelazado con hilos hermenéuticos para comprender la complejidad de las voces y sus poéticas en narrativa; ya que esta investigación se propone redescubrir en el mismo contexto donde interaccionan los imaginarios- algunas aristas que nos permitan acceder a la memoria socio-simbólica e histórica del Caribe desde la óptica de su polifonía discursiva; así como dar a conocer- inmersa en una relación interactiva entre investigador y actores- la construcción de conceptos experienciales que permitan comprender cómo los evocadores simbólicos que se trenzan en este estudio, conciben su identidad caribeña, en aras de reconstruir el espacio caribeño peninsular desde la geografía imaginaria de sus poéticas y narrativas integradas en lo vivido y lo soñado.

En función de la premisa precedente, esta investigación genera todo un andamiaje para introducirse por los bordes y fisuras que nos permitan acceder a las nuevas claves de interpretación y configurar así, otros "modos" de actuación y de análisis de la realidad social. Se incorporan a este diálogo socio- simbólico todo un arsenal de categorías, entre las que destacan: complejidad, transculturalidad, diversidad, identidad, alteridad, imaginario y memoria histórica. Esta nueva gramática y lógica convoca a estructurar un nuevo enfoque epistemológico y simbólico donde la diversidad cultural, étnica y discursiva de América Latina representa un proceso de resemantización que hasta hace poco era impensable. Este proceso dialógico se constituye en uno de los procedimientos clave para repensarnos como seres inéditos capaces de re- elaborar nuestras propias formas de conocimiento y construir nuevos sentidos socio- simbólicos- discursivos.

Resonancia socio-simbólica del Caribe: una simbiosis poética y narrativa

Este caudal abre el repertorio de la reflexión para escuchar el pensamiento y poética de cultores populares con toda la intensidad de sus turbulencias emotivas. Los veremos, pues, como seres simbólicos recreando sus vivencias y sus historias de vidas individuales y colectivas. Creando, de este modo, un espacio narrativo- poético donde converge la significación que construye identidades y memorias colectivas. En este contexto, se crean itinerarios que exploran el espacio caribeño con sus actores sociales, sus imágenes, sabores y olores; desde dos grandes campos conceptuales: histórico-cultural y lo socio-simbólico.

Dentro de estas coordenadas interpelamos los saberes, mitos y leyendas que circulan en el universo simbólico del imaginario caribeño venezolano, basados en aspectos mágicoreligiosos; fuertemente resignificados como valor de identidad; asociado a las troncos originarios que definen nuestras culturas, indagaremos, pues, sus códigos indescifrables y ocultos. Finalmente, descifraremos esos espacios de silencio que nos legó la historia traumática del proceso de conformación de nuestras naciones caribeñas, que aún pueblan nuestras costas con sus cargamentos de cartas aún selladas, como prueba de su visión de mundo.

Es por ello que el contacto y la vivencia junto a los pueblos caribeños nos pueden aproximar a esos saberes populares ancestrales, que siguen siendo fundamentales en la conformación del ser. Es tarea esencial de nuestro tiempo rescatar esos testimonios cargados de tanta simbología, que han quedado vacías de contenido para que permanezcan en la conciencia colectiva venezolana a través de las diferentes generaciones y nos ayuden a comprender porque actuamos de una manera y no de otra. Esos discursos íntimos, reveladores tienen la propiedad de mover esquemas de pensamiento y de sentimiento ya que contienen una gran carga expresiva y emotiva, capaces de recrear vivencias y fortalecer lazos de identidad.

Dentro de este contexto, emerge Araya, como una caribeña tejida de múltiples historias y diversas miradas. El patrimonio socio-simbólico de esta península es de una riqueza sin igual, pero muestra signos de fragilidad en su memoria colectiva. Sus amuletos y mitos permanecen en un lugar recóndito, íntimo e inaccesible. Será una tarea interesante descifrar sus códigos para penetrar en las energías inéditas de un pensamiento mágico y simbólico que tiene su fuente espiritual en sus raíces ancestrales. Esta perspectiva nos permitirá acceder a universos de sentido estructurados en núcleos de significación (o constructos de conocimiento), que se integran en redes conceptuales sobre una matriz de relaciones de referencia donde el imaginario muestra su esencia y donde esa esencia sea vista en su permanente transformación, pues el imaginario caribeño puede ser captado desde diferentes ángulos de acceso.

Ésta no es una propuesta histórica ni geográfica, se trata de una invitación a colocarnos en una situación provisoria, para desplegar la mirada hacia distintas perspectivas; desde el lugar de lo socio-simbólico. Perspectiva que nos permita acceder a universos de sentido estructurados en núcleos de significación (o constructos de conocimiento), que se integran en redes conceptuales sobre una matriz de relaciones de referencia. Allí donde la imagen y la palabra puedan ser los intersticios, para que el imaginario muestre su esencia y donde esa esencia sea vista en su permanente transformación, pues el imaginario caribeño puede ser captado desde diferentes ángulos de acceso.

Pensar en la memoria como algo que siempre está en proceso de reformulación, no como algo que se limita a repetir tradiciones, nos permitirá verla como una trayectoria en la que se entrecruzan la escritura y la oralidad, lo mítico y lo ficticio, lo sagrado y lo cotidiano. En la actualidad, es posible constatar un creciente interés por la indagación en la memoria y sus implicancias. Prueba de esto, lo constituye la enorme cantidad de análisis y reflexiones que desde distintos lugares de enunciación (Antropología, Sociología, etc) problematizan la naturaleza de la memoria y sus vinculaciones con distintos ámbitos del acontecer socio-simbólico. El trabajo de la memoria se manifiesta como una interfase para hilvanar relatos que permanecen adormecidos. En este contexto, la historia se construye como un entramado de recuerdos y olvidos, tal como lo expresa Jelín, (2002:17)

> **Abordar la memoria involucra referirse a recuerdos y olvidos, narrativas y actos, silencios y gestos. Hay en juego saberes, pero también hay emociones. Y hay también huecos y fracturas. Un primer eje que debe ser encarado se refiere al sujeto que rememora y olvida. ¿Quién es? Un segundo eje se refiere a los contenidos, o sea, a la cuestión de qué se recuerda y qué se olvida. Vivencias personales directas, con todas las mediaciones y mecanismos de los lazos sociales, de lo manifiesto y lo latente o invisible, de lo consciente y lo inconsciente. Y también saberes, creencias, patrones de comportamiento, sentimientos y emociones que son transmitidos y recibidos en la interacción social, en los procesos de socialización, en las prácticas culturales de un grupo. Están también el cómo y el cuándo se recuerda y se olvida. El pasado que se rememora y se olvida es activado en un presente y en función de expectativas futuras.**

Es por ello que se percibe una especie de ansiedad por encontrar formas de mantener viva la memoria, y activos los hilos de la evocación a través de una gran variedad de elementos: monumentos, íconos, documentos escritos, documentales, etc. En este sentido, la memoria emerge como categoría de análisis necesaria en aras de rehabilitar el debate donde rostros, poses, gestos, fisonomías, cotidianidades, utensilios de trabajo y procesos constructivos de la cultura conduzcan a re- pensar los modos en que se delinean las identidades de los imaginarios sociales con sus saberes y emociones. De este modo, la memoria histórica funge como hilo conductor para acceder a esos espacios olvidados.

Se destaca que después del proceso de conquista y colonización, el acervo cultural de los indígenas venezolanos sufrió un impacto de grandes dimensiones que trajo múltiples consecuencias en el ámbito simbólico- cultural indígena lo que consagró la pérdida de las señas de identidad de la riquísima cultura de los pueblos aborígenes, sometiéndolos al forzoso proceso de transculturización de un sistema de significaciones y una cosmovisión que no le son propias o le niega el derecho a tener la suya. En este contexto, la identidad caribeña ha experimentado una transfiguración que aliena su conciencia histórica y prácticas culturales. Los pueblos peninsulares han vivido excluidos de muchos derechos que le corresponden; situándolos en una posición de rechazo, marginalidad e indiferencia.

En aras de nuestro interés investigativo, exaltamos el hecho de que la transculturización implanta valores, concepciones, visiones, signos, referentes y discursos. Pero ¿En este encuentro de culturas una puede someterse a la otra y recibir pasivamente sus elementos o asimilarlos creadoramente a partir de su propia matriz? Responder esta interrogante pasa por reconocer que existen posiciones encontradas, pues son muchos los dilemas que hoy nos interceptan.

No obstante, permea a lo largo de esta investigación una postura inspirada en la noción de transculturación propuesta por Ortiz, F (1940) —que define los rasgos básicos de la unidad y diversidad cultural y socio-antropológica del Caribe. Este concepto tan dinámico construye mundos de convivencia que nos invita a sentir con el otro. De allí que Ortiz, lo concibe como una interacción que integra una diversidad étnica- cultural para construir los auténticos perfiles de una socialidad latinoamericana y caribeña. Al respecto, Ortiz (1940:142) reafirma que:

> **El vocablo transculturación expresa mejor las diferentes fases del proceso transitivo de una cultura a otra, porque éste no consiste solamente en adquirir una distinta cultura, que es lo que en rigor indica la voz angloamericana acculturation, sino que el proceso implica también necesariamente la pérdida o desarraigo de una cultura precedente, lo que pudiera decirse una parcial deculturación, y, además, significa la consiguiente creación de nuevos fenómenos culturales que pudieran denominarse de neoculturación. Al fin, como bien sostiene la escuela de Malinowski, en todo abrazo de culturas sucede lo que en la cópula genética de los individuos: la criatura siempre tiene algo de ambos progenitores, pero también siempre es distinta de cada uno de los dos. En conjunto, el proceso es una transculturación, y este vocablo comprende todas las fases de su parábola.**

Desde esta perspectiva, se resignifica el concepto de transculturización como soporte onto—espistemológico, ya que describe todo un proceso de intercambio cultural simbólico; promoviendo el tránsito dinámico de prácticas culturales que parecían permanecer en posición estática a otra dimensión que implica movimiento, flujo, transferencia creativa en esa búsqueda incesante de nuestra identidad caribeña. Nos encontramos, entonces, en presencia de un concepto viabilizador, que permite re-lecturas de los desplazamientos que se producen cuando dos culturas entran en contacto, inmerso en un contexto de identidades variables, múltiples, diversas para no solo revelar otra lógica y otra episteme; sino también reinventar al otro en un juego emotivo de intersubjetividades.

En consecuencia nos apropiamos de la categoría de sincretismo caribeño por constituir esa especie de mezcla, cambio, diálogo y proceso entre una multiplicidad de culturas, lenguas, historias y seres humanos que emerge como pista enunciadora para comprender la complejidad de esa rica fusión sociocultural caribeña que nos identifica como pueblo. De allí que necesitamos resemantizar nuestros vínculos con la palabra inédita para renombrarnos de otra forma, que involucre todo el reino de la fábula, el amor y la poética.

Resulta oportuno destacar que a pesar del escenario de diferencias y diversidades, presentes en este continente, es innegable que en estas latitudes se dio el encuentro y contacto de las más sorprendentes mezclas y fusiones en lo cultural, en lo racial, en lo religioso. Esa interpenetración de hombres y de comunidad de ideas dejó como legado un rico caudal de valores y vivencias -en grados diferentes- en cada rincón de los distintos territorios donde interactuaron. Al respecto, Carpentier (1969:8) señala:

> **Hubo intercambio de hombres, hubo comunidad de ideas y por ello es que el Caribe, con las zonas continentales de México, las zonas de la tierra firme de Venezuela, de Colombia, las mismas zonas que por extensión fueron habitadas, que fueron pobladas por esclavos africanos traídos del continente en el mismo proceso de colonización, como los hallamos en el Perú, como los hallamos en Guayaquil, como los hallamos en el Brasil, también vienen por extensión a formar parte de ese conglomerado Caribe que empezamos a ver en su conjunto y que empezamos a entender en su conjunto.**

Por consiguiente, esta investigación, asume el sincretismo caribeño en términos de proceso de confluencia, como un espacio vibrante y de manifestación multicultural de la vida donde convergen, dialogan, interpenetran y mezclan -en forma creadora- toda una gama de posibilidades étnicas y una geografía subterránea de voces que luchan por hacerse sentir. Como eje complementario de esta travesía socio- simbólica, emerge el mundo de lo imaginario constituido por las múltiples relaciones del hombre con su entorno circundante e inmerso en las diversas representaciones y prácticas sociales. Lo imaginario se constituye a partir de las coincidencias valorativas de las personas y se manifiestan en lo simbólico a través del lenguaje. De allí que el imaginario social aparece vinculado a la realidad, configurándola.

A través de esta categoría, una sociedad se dota de una identidad a la vez que define y distribuye los roles sociales de las personas. Por ello, este estudio se apropia de la categoría de imaginarios sociales para crear y recrear los territorios simbólicos que permean los espacios de representación del caribeño peninsular; así como sus respectivas cosmovisiones.

Los imaginarios sociales confluyen en ese punto de articulación y tránsito en el que toda sociedad se abre a un margen de subjetividad en busca de otros códigos, estrategias, posiciones emocionales y sentimentales... con el propósito de arar en la realidad social los sistemas de representación e interpretación de los fenómenos sociales. Castoriadis (1983)

De allí, que resulta pertinente complementar la concepción de imaginario social, concebida por Castoriadis, con el ideal propuesto por Maffesoli (2003:149) quien considera que:

> **El imaginario social fundamenta toda sociedad. Las diferentes posturas a lo largo de la historia en lo concerniente a la imagen, cual hilo conductor, evidencian un miedo a lo sensible que se opone a la pura razón. A pesar de su apariencia, la imagen es aquella que describe lo real actuando en la vida social. El mundo "imaginal" constituye de hecho, la cosa mental que refuerza el vínculo social.**

De esta concepción, se desprende que la imagen de la vida social nos remitiría a un imaginario, en donde la imagen adquiere una particular significación que favorece la interacción social y la vivencia comunitaria. Maffesoli, en un acto de apropiación de la noción de imaginario le concede una especial trascendencia a la interpretación de los componentes míticos y simbólicos arraigados en la vida colectiva.

Al tratar de capturar la enorme complejidad inscrita en la teoría de los imaginarios sociales, se logra una interesante integración teórica que resalta el carácter dialógico de la cotidianidad. Esta categoría, promete indudablemente, ser una valiosa herramienta teórica y analítica para que los aspectos contextuales y culturales admitan la posibilidad de múltiples lecturas socio-simbólicas.

Esperamos, pues, encontrar en las construcciones socio- simbólicas de los peninsulares; discursos impregnados de intuiciones, sentimientos, sensaciones, para pensar, junto a lo real, un lugar para re-inventarnos, para ensayar formas inéditas aún impensadas de identidad colectiva. En este sentido, lo socio-simbólico se convierte en el *leitmotiv*, para que aflore lo subjetivo y se abra el rizoma de una pluralidad de lecturas y juegos con lo imaginario y así reinventar al pueblo que falta a través de la literatura.

Esta nueva visión de mundo caribeño nos invita a trascender nuestra imagen para re encontrarnos en la mirada transparente del otro, en otras palabras, debemos de-colonizar nuestra mirada como única fuente para descubrirnos como seres tentativos, con un rico caudal de vivencias y sensibilidades que nos pueden abrir surcos de esperanza para indagar quiénes realmente somos y hacia dónde nos encaminamos.

Es en este punto de intersección donde lo real maravilloso actúa como un espacio móvil, intersticial, una red de vasos comunicantes que sirven como clave de lectura para resignificar el vínculo con el espacio de lo socio-simbólico, lo cual involucra un cambio de espíritu. En este sentido es necesario observar no sólo qué lugar decide ocupar el Caribe respecto de esas voces de lo "imaginario", sino al mismo tiempo cómo son construidas esas voces, después de desenterrar nuestros propios espejos.

Intentaremos pues, en esta investigación, responder fundamentalmente a la siguiente inquietud:

❖ ¿Cómo se expresa y percibe la presencia socio-simbólica del Caribe en el imaginario social de los peninsulares de Araya, como ámbito privilegiado para el abordaje de sus procesos identitarios?

Este eje problematizador constituye una clave para comprender las condiciones de producción histórica y socio-simbólica caribeña e impulsan otras maneras para inaugurar distintas manifestaciones de ser, de vivir y de sentir la reconstrucción del espacio caribeño peninsular desde la geografía imaginaria de sus poéticas y narrativas.

Escenarios de relación

La Universidad Politécnica Territorial del Oeste de Sucre "Clodosbaldo Russián" en consonancia con el Grupo de Investigación "Simbiosis: Universidad – Comunidad, se inscribe en el perfil de un nuevo mapa de corresponsabilidad social en aras de establecer una conexión emocional compartida con sus comunidades peninsulares, a través de la puesta en ejecución de un foro. De este modo, potencia su rol como agente de cambio y de desarrollo social, al permitir que interaccionen el saber popular y el saber académico en un diálogo de saberes y sentires, que nos permita acceder a la memoria socio-simbólica e histórica del Caribe peninsular.

En función de ello, se organizó este **Foro intitulado: Presencia socio-simbólica del Caribe peninsular** bajo el lema- " Queremos palpar su voz, suavizar su mirada y sentir sus latidos para encaminarlos en el difícil arte de atarrayar sus sueños ", - en aras de abrir sus espacios emocionales para albergar al pescador, a la madre comunitaria, a los voceros comunales, a las organizaciones sociales, a los cultores populares, historiadores, cronistas, a los imaginarios del deseo para que cuenten las leyendas de sí mismos y nos muestren la riqueza de sus gentes, de sus haceres innovadores, de sus saberes, epopeyas, mitos y tradiciones.

En este contexto, se extendió la invitación a todos estos imaginarios socio-simbólicos, el lugar de la tertulia fue la Casa Cultural de Araya, antigua sede "Aduana Araya", el día 09 de Octubre de 2016, a las 9:00 am. Simbiosis creó el escenario perfecto para la discusión, la reflexión y, ante todo, para la aproximación a la memoria histórica que permanece adormecida en sus pobladores. Este foro constituye una evidencia de la transdisciplinariedad que caracteriza a la iniciativa pues, si bien su nombre hace referencia a la memoria histórica, en ella se dieron cita también la poesía, la leyenda y la música.

Como invitados participaron: Richard Tormes (Dirección de cultura Araya); Aníbal Núñez (cultor popular) Organizador de la logística del foro; Jorge Luis Marval (cultor popular) José F. Rivero (cultor popular) Asdrúbal Fuentes (cultor popular) Jesús Núñez (cultor popular) Víctor Marín (cultor popular) Alejandro Millán (cultor popular) Leobaldo Vásquez (cultor popular) Ramón Badaracco (Cronista de Cumaná) Cruz E. Fernández (promotora social CMDNNA) Yarúa Maneiro (Miembro Grupo Simbiosis UPTOS " Clodosbaldo Russián) Jorge Pérez (Miembro Grupo Simbiosis UPTOS " Clodosbaldo Russián) Johnny Bolívar (Miembro Grupo Simbiosis UPTOS " Clodosbaldo Russián) Manuel Marín (Miembro Grupo Simbiosis UPTOS " Clodosbaldo Russián) Abul Bashirullatt (Dirección Biblioteca Virtual UDO- Núcleo de Sucre) Yulimar Lizardi

(Representante Alcaldía Araya) Amarilys Rodríguez (Coordinadora Misiones Robinson-Ribas) Carlos Mago (docente U.E. Cruz Salmerón Acosta) Grecia Rivero (Miembro Consejo Nacional Electoral) David Mendoza (Representante de la Juventud Partido Socialista Unido de Venezuela), como Moderadora Isaura Montaño (UPTOS "Clodosbaldo Russián) Organizadora y Coordinadora del Foro;

La invitación estuvo encaminada a construir pinceles de arena y dibujar; junto a nosotros, la sonoridad de las aguas, las gaviotas de espuma, la intensidad del azul, la majestuosidad de sus formas de vida, el canto épico de sus hechos históricos, los cardones y tunas de la bella Península de Araya; atendiendo al llamado de los siguientes ejes problematizadores: **¿Qué es el Caribe?, ¿Se siente caribeño? ¿Por qué?, ¿Cuáles son los rasgos caribeños presentes en el peninsular?, ¿Qué legado caribeño aún encontramos en el peninsular? ¿Tiene alguna reseña poética de alguna mitología o leyenda caribeña? Nárrela.**

En este diálogo de sensibilidad, la bienvenida estuvo a cargo de Richard Tormes (Director de cultura Araya) y de Aníbal Núñez (Poeta) Organizador de la logística del foro. Seguidamente, me concedieron la palabra e hice mi intervención en nombre de la UPTOS "Clodosbaldo Russián" y del grupo Simbiosis, agradeciendo el poder de convocatoria, divulgación y acogida que nos dispensaron. Planteé esta tertulia como un viaje imaginario para vivir el recorrido que iniciamos, sin planos ni mapas, provistos solamente de nuestras distintas emociones humanas. Luego, se hizo una dinámica de grupo, los participantes comenzaron a presentarse y dar sus apreciaciones y expectativas sobre la actividad a emprender. Todos se presentaron como portadores de una experiencia que contar y aportar, pues sus voces mediadoras pretenden sacudir la matriz epistémica y ontológica de una cultura dominante que boicotea la comunión entre los hombres. Para emprender esta cautivante travesía de la realidad vivida, soñada e imaginada, se escudriñan sus grutas sensibles.

Esta expedición se concibe como una cautivante aventura, una epopeya fusionada con la poética que integra episodios construidos colectivamente a través de este foro y de la co-creación de entrevistas configuradas en un conversatorio. En este tejido rizomático de tonalidad poética, aflora la historia como evocación, como poética, como sentimiento. La riqueza de sus imágenes, sus signos, sus lenguajes, emociones, adquieren en esta travesía una intensidad provocativa que enaltece nuestra identidad caribeña. Escuchemos pues, la resonancia de los ecos de estos imaginarios.

Espacios de revelación

Iniciemos, pues, esta tertulia dialógica signada por los hilos de la imaginación discursiva y una gran dosis de sensibilidad. Solo he re-creado el escenario para la reflexión y la discusión afectiva en un intento porque aflore todo lo que se esconde - con sus distintas emociones humanas- en cada uno de sus evocadores. Este coloquio pretende la inclusión de las diversas ideas metafóricas, atendiendo su intencionalidad, así como la intensidad de los temas por tratar, de modo que produzcan el máximo impacto mágico en los evocadores convocados, para compartir una esperanza común en el rescate de nuestra identidad, reconciliando conceptos o posiciones antagónicas.

Entablemos, entonces, una tertulia con estos invitados especiales que tienen como tarea contar y cantar nuevas historias, ideales, inconformidades, puntos de vista y una sociología de lo vivido, con un lenguaje innovador que permita obtener lecturas nuevas sobre la vida social caribeña. Esta tertulia se concibe como un concierto, una galería, una celebración, una poética del encuentro, ese algo que aún puede sorprendernos, donde solo se exhibe como punto de agenda relatar sus mundos creativos y sensibles en aras de crear las condiciones para que la memoria histórica pueda dar sus frutos. Con esta agenda metafórica, todos aceptaron el reto… y comenzó este compartir:

Inicia este coloquio el **poeta e historiador Alejandro Millán** quien expresa que el Caribe "es una raza, una etnia de Caribe mezclada con Arawacos y con el Mar Caribe. Es una raza pura, indómita" Este peregrino de la cultura, expresa su preocupación por lo que ocurre en el ámbito venezolano e insta a que todos los sectores involucrados se integren al diálogo. De igual modo, deja entrever en sus palabras que pone sus haberes y sentires a contribución para recrear los vínculos de una convivencia y solidaridad más humana: esta concepción es compartida por la **promotora social Cruz Fernández** quien alega que efectivamente "el Caribe es una raza indómita, guerrera". Igual posición comparten los

cultores populares Jorge Marval y Víctor Marín al sostener que se trata de "una raza aguerrida y bravía".

Por su parte, **el cultor Jesús Núñez** interviene alegando que "el Caribe es una unidad geográfica extensa donde una raza indómita nos dejó un legado cultural interesante". Lo intercepta **el Cultor Leopoldo Vásquez** para complementar que fue "un legado que Dios nos dejó, una reliquia, gracias al Mar Caribe somos lo que somos". En este momento asume la palabra el **cultor popular Asdrúbal Fuentes** para manifestar que el "Caribe tiene dos connotaciones: una geográfica que es el Mar Caribe que baña estas costas y la otra es la de nuestra raza". **El cultor José Rivero** aporta que es "donde pernotan las etnias de generación en generación". Con una visión más integradora, interviene **el Poeta Aníbal Núñez** y nos dice que "el Caribe es todo: Raza indómita, mar, costumbres", visión que es compartida ampliamente por **el Cronista Ramón Badaracco,** quien relata que "el Caribe es todo: los cerros, el mar, la raza, las costumbres. Los caribes ocuparon todo el territorio. Ellos eran los dueños. Los arawacos vinieron hace 2000 años y los Caribes hace 4000 años."

Continúa alegando que los Caribes quedaron depositados en las mujeres. Ellas conservaron el idioma y ese idioma es general en toda América. Los españoles comenzaron a educar a los indígenas en su idioma y en el español. Creo que los arawacos fueron los últimos en llegar. Los Caribes debieron llegar por oleadas. Hay necesidad de estudiar el origen de los Caribes en forma más profunda. No hay estudios serios al respecto. Los Caribes se formaron y establecieron al margen de los ríos, acabaron con todos los pueblos que estaban a sus alrededores. El Caribe nace en el río Uruguay, de esos grandes ríos que desembocan en el Gran Río de Plata, en ese centro extraordinario había una población sorprendente que encontraron este continente despoblado. Para cerrar este primer eje problematizador, el Cronista Ramón Badaracco, recitó de manera magistral un poema de Aníbal Núñez, intitulado Araya. Escuchémoslo:

Araya
Allá donde la brisa nace
Allá donde todo es oscuro
Allá donde la sal es lo puro

Allá donde lo nuestro se acaba
Araya, oh Araya
Cuantos te aman
Acaso no te das cuenta
Que te explotan sin dejarnos nada

Nadie sabe que lloras sola
Cuando en tus senos saltan
Tus bellas olas
Se burlan y se ríen

Para buscar las salidas
Pero ya van alegres
Se llevan tus salinas
Es lo tuyo que todos admiran

Explotar, explotar,
Es lo que todos aspiran
Ya Araya, no llores más
Que ya pronto todo acabará

Para dar inicio al segundo eje reflexivo, el **moderador Richard Tormes**, leyó el enunciado. Acto seguido, intervino **José Rivero** y enfatizó que "se siente caribeño porque es la idiosincrasia que tenemos y por el Mar Caribe". Inmediatamente tomó la palabra **Alejandro Millán** y expreso: "yo soy caribeño, somos descendientes de los Caribes. En este suelo peninsular primero estuvieron Los Caribe, luego los Guaiqueríes. Somos la misma raza. Pura gente blanca boca pelada. Somos descendientes de los indígenas, por eso somos indómitos. Me siento caribeño porque tenemos dos legados económicos: la pesca artesanal y las salinas. También por la idiosincrasia de nuestras etnias". **Asdrúbal Fuentes**, refutó un poco esta apreciación al sostener: "Particularmente creo que nos queda muy poco de ello. Ahorita se habla de los indígenas de manera despectiva".

Por su parte, **Leobaldo Vásquez** afirmó: "yo me siento caribeño porque nací de ese mar, soy descendiente de los españoles y holandeses. Siento ese mar que me cobija y me incita a la inspiración. Todo en él me inspira a componer sobre Araya, las salinas y el mar".

A lo que **Cruz Emilia Fernández** reiteró: "soy caribeña, basta con mirar el mar y el cielo para sentir nuestra raza". En esta misma óptica, **Jorge Marval,** manifestó que "como Patrimonio Cultural de este municipio considera que todos tenemos ese espíritu caribeño, además vivimos a orillas del Mar Caribe".

En esta misma línea reflexiva, se inscribe **Jesús Núñez** y afirma: "sí, somos caribeños por nuestra costa Caribe e idiosincrasia", seguidamente, interviene **Víctor Marín** para confirmar "Si, somos caribeños por nuestra cercanía al mar", concepción que complementa **Aníbal Núñez:** "Todos tenemos raíces caribeñas". Posición que también es asumida por **Ramón Badaracco**: "Por supuesto que sí. Todos tenemos un linaje mezclado con los Caribes".

Continúa, a pesar de que en Araya emergieron los personajes más notables de Venezuela. Araya fue una ciudad itálica. Los hombres ilustres descendieron de Araya, En esta tierra habitaron virreyes, duques, marqueses, etc. Todo el poderío español estaba asentado en Araya. Por eso digo que los vástagos hay que buscarlos en Araya. Ella fue la madre de todas las familias de Venezuela. Nuestros troncos y raíces están aquí, en Araya: los Rojas, Rivero, Urbaneja, Sanabria, los Arellanos de donde descendió el Gran Mariscal de Ayacucho... Araya fue la cuna de tantos barones insignes. Mi tío Dionisio Rivero dejó 70 hijos reconocidos en Araya. Por eso enfatizo que el hombre debe vivir de los recuerdos para que no se olviden.

Rasgos caribeños:

Al abordar el tercer eje problematizador, las intervenciones no se hacen esperar y emergen aquellos rasgos identitarios que nos definen. Para ello, toma la iniciativa **Alejandro Millán** y nos dice: "en el aspecto de modo de vida: la pesca artesanal y en la fisonomía tenemos los rasgos de nuestra raza aborigen que se han mantenido a través del tiempo. Nosotros tenemos mucho de ese gran cacique olvidado que fue Cayaurima. De él tenemos lo templado. Le echó broma a su vaina".(risas).

Por su parte, **Leobaldo Vásquez,** en su intervención manifiesta: "en cuanto a la fisonomía, hay rasgos netamente indígenas. En el Guamache y en Punta de Araya hay bastante gente con rasgos caribeños", se da un intercambio de ideas e impresiones entre este cultor y **José Rivero** quien sostiene que "aún observamos muchos rasgos caribeños en los pueblos del Guamache y el Rincón. En el Rincón hay una familia completa con rasgos netamente indígenas: con el pelo lacio, de contextura fuerte de manera natural". **Jesús Núñez,** afirma que "nuestros rasgos se perciben en nuestros modos de vida y formas de ser".

Aníbal Núñez- por su lado, reitera que "hay muchos rasgos físicos que aún se mantienen y los modos de vida". Interviene **Jorge Marval-** en sintonía con lo anterior- y nos dice que: "conservamos sus rasgos físicos y formas de ser", igual posición sostiene **(Asdrúbal Fuentes)** cuando afirma que "lo que aún conservamos de los Caribes son algunos rasgos físicos y formas de ser". Mientras que para **(Víctor Marín)** "lo que tenemos de los indígenas es su gusto musical".

En este punto de la agenda hace su intervención **Ramón Badaracco** para hacer la siguiente referencia: "Cuando nosotros estudiábamos, íbamos al cuartel para apreciar la fisonomía de los reclutas y ellos eran la mezcla perfecta de los Guaiqueríes con los españoles y esta mezcla fue posible gracias a que Bartolomé de las Casas narra en ***"el reino de vahío"*** que en Santo Domingo mataron a todo el reino y se quedaron con las mujeres. En los hombres no se aprecia muy claro los rasgos caribeños, en cambio en las mujeres sí. Mi tipología es como la de Sucre".

Todos los venezolanos tenemos rasgos caribeños. Por varias generaciones los Caribes se mimetizan con los blancos y aunque en algunas poblaciones de la península no se tengan rasgos físicos de los indígenas, conservan sus costumbres y su forma de ser. El negro no forma parte de la fisonomía arayera. El Padre Las Casas dibuja un reino en santo Domingo donde vivió: el reino del Vahío. El convivió con estos indígenas más o menos por el año 1510. En este reino se mataban a los hombres. Él regresó después de 20 años y se encontró con que las indias pasaron a ser las mujeres de los españoles y que estas tenían el mismo porte y conducta de las mujeres españolas. El reino se mantenía bien. A través del cruce se mimetizaron. Aquí ha pasado exactamente lo mismo. Los indígenas de la época del Libertador debían de ser muy morenos porque Sucre era de piel morena por eso en Bolivia lo llamaban el Sambillo (de sambo).

Cerramos este apartado con el derecho de palabra de **Cruz Emilia Fernández,** quien nos muestra otra óptica, para ella los rasgos más resaltantes que tenemos son: "El sentido del humor, lo alegre, la música y el amor porque este es el sentimiento más puro que podemos sentir. Si hacemos las cosas con amor todos saldremos ganando. Creo que eso es lo más importante junto con la humildad. Y agrega, "yo he trabajado con desinterés por estas comunidades sin escatimar esfuerzos y lo hago por amor porque me siento identificada con el más necesitado".

La falta de luz y el calor, nos hizo cambiar de escenario. Fue la mejor decisión. Al aire libre, nos sentimos más en confianza y con el compartir de un café, reiniciamos nuestra tertulia. En esta oportunidad, me correspondió conducir la discusión y se abrió el derecho de palabra. La pregunta generadora giró en torno al legado caribeño que nos dejaron nuestros ancestros.

Alejandro, asume la iniciativa del coloquio y expresa:

Esa raza indómita nos dejó como legado el anzuelo, el arpón y el Palangre que es nuestra razón caribeña. Además tenemos cuatro elementos esenciales que son nuestro gran legado: La gran salina de Araya, la pesca artesanal, las loceras y nuestro poeta Cruz Salmerón Acosta. También nos dejó el trueque. Primero tuvimos contacto con el Golfo de Paria, de aquí llevábamos sal, conejos, cuero de chivo y ellos nos lo cambiaban por sillas de madera y alpargatas.

En este segmento, José nos expone:

Hablando del legado que nos dejaron los Caribes, en un trabajo de historia local que llevé a cabo este año hacemos referencia al trueque que se ha mantenido frente a la relación histórica con la ciudad de Cumaná y como forma de vida que implementaban nuestras etnias con otras etnias. La investigación reveló eso: que de aquí llevaban a Cumaná conejo, pescado salado, sal y lo intercambiaban por otros productos. En la parte norte de la península aún se mantiene la cultura del trueque: del Rincón llevan pescado salado a Manicuare y lo intercambian por frutas: guayabas, ponsigué, limones... Esto se debe a que El Rincón es una zona poco cultivada. También está presente la cultura de la atarraya como tradición y modo de vida. Aún esas culturas se mantienen. Esa es una herencia que nos han dejado nuestros ancestros.

Cruz Fernández, resalta en su intervención que:

Nos dejaron el carácter aguerrido, de no dejarnos vencer por las adversidades, por hacer de tripas corazones. No importa que tengamos que trabajar con las uñas. Creo que ese fue el legado más importante de nuestra raza bravía.

Leobaldo, considera que: El legado que nos dejaron fueron las diversiones, la música caribeña y los instrumentos musicales rudimentarios. Posición que es compartida por **Víctor** al sostener que a los peninsulares nos dejaron los cantos caribeños, el chasquear cultural de la paraulata. Ese canto caribeño que se manifiesta en todo momento. Y agrega: hace rato la estábamos escuchando. Haciendo alusión a un avecilla que nos deleitaba con su melodía. Visión que también es suscrita por **Asdrúbal** al considerar que todos los sonidos nos vinieron de los indígenas. El sonido nuestro es caribeño, la comparsa, las diversiones.

Ramón, re- abre un espacio retrospectivo para comentar que:

Bartolomé de Las Casas decía: que los indígenas tenían voces muy bellas y utilizaban con mucha gracia numerosos instrumentos como las maracas. Los arawacos nos dejaron las raíces del idioma. No mataban a las mujeres. Las mujeres se mezclaron con los Kariña y se apoderaron de todos los pueblos. Luego se unieron las lenguas de los arawacos con los Caribes. Después de la liberación de Cumaná se produce una inmensa mezcla de saberes y en Araya los holandeses dejaron esa cepa maravillosa de los manicuareros de tez blanca y ojos azules para quienes el sol era inclemente.

Las costumbres indígenas, éstas se mantienen muy bien. La erepa indígena todavía se conserva. En muchas partes se pila el maíz, el pescado ahumado también es una costumbre netamente indígena; así como hacer dulces y el guarapo de piña, la siembra del conuco, el domesticar animales como gallos, gallinas, potocas, etc. El Caribe se puede estudiar más a través de la lengua y la cultura que de la antropología. También el arayero conserva la viveza del Caribe y su espíritu infatigable.

Para **Jesús** el legado que nos dejaron fueron las salinas y la pesca artesanal. **Jorge,** por su parte, plantea: a mi modo de ver nuestros indígenas nos dejaron su forma de vida: la pesca y la música. **Aníbal** concluye que nuestros ancestros nos dejaron como legado la forma de ser, los modos de vida: pesca artesanal, las salinas y también su folklore.

Interesados en extraer toda esa riqueza mitológica que aún puebla con su magia los rincones peninsulares, hemos abierto un espacio o eje reflexivo- narrativo denominado "mitología Caribeña" Escuchar las leyendas en las voces de estos cultores populares, es toda una experiencia indescriptible y vitalizadora; ya que la construcción de los eventos cotidianos de su vida, de su historia, constituye una experiencia similar a una lectura poética, ellos mismos construyen imágenes de cualidad poética, justamente nos brinda la posibilidad de vivenciar hechos insólitos y sorprendentes por la vía de la palabra, y con ello la posibilidad de reinventarnos a cada paso.

Abre esta ronda final, **José** con su historia:

Hubo un tiempo que tuve que abandonar mis estudios y dedicarme a la pesca. De allí que estuve por varias costas caribeñas: entre ellas Cubagua. Allí nos arranchamos (es decir nos asentamos) En la cabecera de Cubagua había un cerco de coralito ya desgastada y allí supuestamente estaba un fósil de una india que fue asesinada. Ella usualmente viajaba de Cubagua a la Península de Araya. Y según Guachimei, que era un personaje emblemático que vivía en Cubagua; esta india tenía una gran resistencia y funge como protectora del lugar.

Irrumpe en la escena Leobaldo Vásquez, quien nos relata y recita:

Yo también tengo una leyenda caribeña que narra un día de diversión. Me fui a bañar al castillo y aproveché de echar una pescaíta. Resulta que yo tenía un botecito y estaba pescando en el castillo y allí me salió una sirena, la seguí hasta Punta Arenas, de allí me llevó a Punta de Araya, la seguí persiguiendo y me llevó al Rincón y del Rincón la seguí hasta Cubagua, pero yo no perdía la razón y de Cubagua me llevó hasta Margarita. Esta poesía nace de la mitología y dice así:

Salí a bañarme a la playa,
frente aquel Castillo

Y me encontré a una sirena
Que quería hablar conmigo.
La cara se me nubló
Y se me perdió la sirena
La seguí en mi botecito
Y la encontré en Punta Arenas.

La encontré en Punta Arenas
En esa preciosa playa
La seguí yo por su estela
Y me llevó a Punta Araya

Me llevó a Punta Araya
Yo no perdí la razón
La seguí persiguiendo
Ella me llevó al Rincón.

Ella me llevó al Rincón
A esas sulfuras aguas
Yo la seguí persiguiendo
Ella me llevó a Cubagua.

Ella me llevó a Cubagua
A esa isla bonita
La seguí por el oleaje
Y me llevó hasta Margarita
Y me llevó hasta Margarita
Y la seguí por sus calles
Ella me llevó a la iglesia
Era la Virgen del Valle

Jorge, solicita su derecho a participar y nos comenta: Yo tengo una distinta... Una tarde, como a eso de las cinco, yo fui con Pelayo y Julián (dos compañeros) al monte a cazar conejos y ya cuando iba cayendo la estela de la noche, oí en el firmamento el canto de un gallo que decía KiKiriKi, KiKiriKi, pero fue un canto melodioso, sonó como un canto celestial. Y en esa oportunidad cerca del mismo cerro, yo hice un nicho y me rugió un león, lo cual es un caso increíble e insólito porque resulta imposible que por esa zona haya ese tipo de animales. El rugido fue tan fuerte y reiterativo que yo llamé espantado a Pelayo y a Julián y les dije: ¡vámonos de aquí!

Ramón, con tono profético nos dice: hay que crear los resortes en Araya y realizar la gran cruzada del granito de mostaza. Hoy se aprecia un renacimiento. Les comento que era toda una tradición y leyenda la forma como se preparaba al niño de las tribus caribeñas para la vida. Se preparaban tomando en consideración su afición e inclinaciones. Por ejemplo a los que se identificaban con los caimanes se les enseñaba a nadar, los que sentían afinidad por los monos se les enseñaba a trepar árboles, los que simpatizaban con los leopardos, les enseñaban a destacarse como corredores- cazadores, etc. También se preparaban a los que paraban flechas. Era algo impresionante. Se llamaban los litaños Ditainos (inmortales). Los capitanes de las tribus transmitían las órdenes con silbidos: atacar, replegarse, defender. Ellos crearon sus propios códigos.

En este instante, Alejandro nos hace referencia a algunas anécdotas de su juventud y comenta que aquí en Araya es muy famosa la leyenda de "El abuelón de las salinas de Araya". Esta alusión es compartida por otros cultores presentes. Aníbal, nos sorprende –entonces- con la lectura de esa **leyenda caribeña narrada por él.**

El abuelón de las salinas de Araya

Esta leyenda trata de hace muchos años, cuando la gente empezó por primera vez a sacar y explotar sal de las ricas salinas de Araya, la sal la extraían durante el día y algunos se atrevían a introducirse al agua en medio de la oscuridad reinante, completamente desnudos, estos hombres con sus propias manos, iban sacando puño a puño la sal, la cual era muy apreciada e importante, la llamaban el oro blanco, y también les era útil para el salado de pescado y carnes. Cuentan que los que trabajaban en medio de la noche, hacían pequeñas fogatas para medio alumbrar las tinieblas ya que se veían algunas bolas de fuego que salían del agua y se perdían en el firmamento, pero era tanta la necesidad de sacar el oro blanco que los hombres se lanzaban como locos por toda la laguna, exponiendo sus vidas si era necesario.

Nos narra la leyenda que la laguna estaba esa noche completamente llena de hombres sacando sal y sintieron que el agua empezó a temblar, se agitaba fuertemente y pudieron ver salir desde el centro de la salina a un hombre alto, totalmente blanco, con barbas largas que caminaba sobre las aguas y se mezclaba con ellos, de pronto en el silencio, aquel hombre salió enfurecido, haciendo gestos de muerte y gritando palabras en un idioma nuevo y todos los hombres que estaban dentro de la salina corrían despavoridos llegando a las orillas, dispersándose por caminos distintos. Quedando en el agua el extraño hombre que al ver que ya no había nadie dentro de la Laguna, se tranquilizaba y se sumergía de nuevo en las espesas aguas salinas donde desaparecía por siempre.

La gente de Araya empezó a llamarlo el abuelón de las salinas, así que los hombres decidieron extraer la sal durante las horas del día y respetaban la noche por el temor de no encontrarse con el abuelón de las salinas. Los ancianos narraban, que a este ser misterioso le había sido encomendado y dado la misión de cuidar y proteger por siempre intactas las salinas para que no fueran violadas, quedando su espíritu como el protector eterno de las rosadas y ricas salinas de Araya.

Entre sutilezas y matices ficcionales, se incorporan a este conversatorio dos Cronistas Peninsulares de gran reconocimiento: Carlos Isaba (Araya) y Julio Hernández Manicuare (2016). Recreamos las subjetividades que se despliegan en la construcción de ese otro discurso, bajo la modalidad de la entrevista semiestructurada; Hurgaremos ahí, donde la diversidad es un símbolo crucial de nuestra identidad como pueblo.

¿Cómo concibes el Caribe?

Carlos Isaba: Cronista de Araya

El Caribe es todo, porque abarca desde nuestra forma de vivir hasta la penetración de la nueva cultura impuesta con la llegada de "Colón" y los diferentes países europeos, entre comillas porque esta llegada colombina está en entredicho. Hay indicios de que nosotros fuimos visitados por otras culturas europeas antes de que llegara Colón a estas tierras y se ha mantenido oculto en los diferentes estratos de la sociedad. Fuimos incluso visitados por Chinos. Hay indicios de mapas, razas que así lo demuestran. Todavía hay un misterio con respecto a nuestros orígenes y este sólo puede ser respondido por los avances tecnológicos que nos sitúen en esa época y mediante los avances científicos a través del genoma humano. Solo de este modo, podemos confirmar de dónde vinieron las primeras etnias de Araya porque hay poco material al respecto y las etnias como tal han desaparecido por el proceso de transculturación, impuesta por los españoles.

Juan Manzano Manzano, un historiador español, demostró que el primer contacto colombino se hizo en el segundo viaje y no en el tercero. Esto lo corroboran los documentos de la española. Además las diferentes expediciones demostraron a través de las proanzas (juicios) de que Colón penetró en este territorio en su segundo viaje. Incluso hay dudas de que haya penetrado por Macuro. Hay serias contradicciones y desacuerdos al respecto porque Araya no tiene aún una partida de nacimiento. Nuestra historia oficial está plagada de muchas contradicciones, es un proceso que tenemos que transitar para recuperar nuestra historia porque esta reposa fuera de Cumaná, en España.

Julio Hernández (Cultor popular y Cronista de Manicuare)

El Caribe encierra todo un concepto hermosísimo de los que han habitado esas costas caribeñas. A parte de islas debe ser el enlace unificador de los que habitamos las costas del Caribe. Más que todas las raíces culturales que nos parecemos, el hábitat nos constituye. A parte de ser mar, un espacio geográfico. Es un sitio de encuentro donde se mezclan las identidades caribeñas. Hoy el Caribe representa una identidad propia y diversa, de mezclas, de culturas, es la esencia misma del ser latinoamericano caribeño que tiene una producción propia, cultural, económica, social que ha sido abordada por muchos presidentes interesados en la unificación del Mar Caribe. En síntesis, el Caribe somos todos.

¿Se siente caribeño? ¿Por qué?

Carlos Isaba: Cronista de Araya

No es sentirse caribeño. Todos tenemos esa cultura y fenotipo Caribeño impreso en nuestra sangre: Tengo sangre caribeña. Tú eres Caribe. No es que me siento, soy Caribe. Algunos pobladores- sobre todo de Manicuare, Merito, quieren desconocer que tienen sangre caribeña posiblemente porque le han inculcado el racismo. Todos estos pueblos fueron pueblos pescadores en sus inicios. Quizás por su tez blanca, se les inculcó que eran descendientes solo de europeos y se fue generando el racismo. Todos somos descendientes del Caribe. Es falso que solo tengamos sangre europea porque las expediciones de España- Holanda- Francia, e ingleses no traían mujeres. Eran expediciones netamente de hombres. Cómo se explica –por ejemplo- que durante 50 años de presencia holandesa en Araya no hayan tenido relaciones maritales con nuestras indígenas? ¿Con quiénes procrearon entonces?

Por otro lado, la península abarca desde Punta de Araya hasta más allá de Chacopata y los negros fueron empleados como mano de obra esclava en las plantaciones de Cariaco y Campoma que limitan con nuestro municipio. Muchos de ellos huyeron hacia la península para evadir el duro trabajo en las plantaciones y otros fueron usados como esclavos para extraer y transportar la sal hasta el muelle porque éste era un trabajo muy laborioso, y había que llenar grandes cantidades de navíos que debían partir hacia Europa. Es más, la gente blanca de Araya tenía sus dos o tres esclavos y vivían en la Colina de los Ángeles, también llamada Agua Santa, donde actualmente se ubican los Pitillos que son pobladores de El Rincón y que residen en esta zona. Y en la parte de abajo- llamada la salina- , allí vivía el resto de la población. Una vez que se destruye El Castillo, solo se quedan en Araya los que tienen ganados o algunos cultivos, la gran mayoría de los pobladores emigraron hacia Manicuare. Por lo tanto, si hubo penetración de gente negra en la península.

Julio Hernández (Cultor popular y Cronista de Manicuare)

Sí, es que todos somos hijos de los Caribes, estamos cercados por el Mar Caribe. Nuestra raíz es de origen caribeño. Una mezcla de etnias los Caribes, los Chaimas, Cumanagotos y Guaiqueríes. Nosotros somos caribeños porque fueron los Caribes quienes nos poblaron. El nombre de Manicuare tiene relación con dos vocablos indígenas: Mene que significa Petróleo, resina y cua que significa sitio, riachuelo. Por lo tanto Manicuare se conoce como el lugar donde hay petróleo. Nuestro pueblo se llamó Manicuari (ese era el nomre dado por nuestras tribus) pero para hacerlo más colonizante, los españoles le quitaban la i y la sustituían por la e. Araya también tiene origen indígena, nuestros indios la llamaron Araía. Es una cuestión de lógica. Todos tenemos raíces aborígenes, incluyendo a Tacarigua y Merito, aunque ellos se jacten de decir que tienen rasgos europeos, todos tenemos rasgos caribeños. Claro que hubo una penetración cultural europea, holandesa; pero los primeros que se radicaron aquí fueron los indígenas.

Cuando los españoles derribaron el Castillo de Araya, muchos de ellos se vinieron a Manicuare y aquí tuvieron relaciones con nuestras aborígenes que pertenecían a las etnias Caribes... Ese es nuestro pasado, negarlo o ignorarlo es renegar a la identidad de uno. No negamos que hubo una transculturación, de hecho a nosotros nos catalogaban como los manicuareros bocas pelas porque aquí comulgaron españoles, holandeses, franceses etc... Nuestro poeta Cruz maría decía que él era un indio, que esa era su raza. Los indígenas estaban asentados aquí, pero los europeos nos invadieron nuestros espacios.

¿Cuáles son los rasgos caribeños presentes en el peninsular?

Carlos Isaba: Cronista de Araya

Nos inculcaron el racismo. Manicuare, Araya y Merito fueron poblaciones de pescadores en sus inicios y se quedaron ahí, fueron de blanca tez y a ellos se les inculcó el racismo; por lo que te comentaba, las expediciones europeas España- Holanda no traían mujeres, eran netamente expediciones de hombres. Por lo tanto, sí tenemos descendencia caribeña, Porque estos expedicionarios europeos tuvieron presencia en Araya durante 50 años. Mi pregunta es ¿Con quiénes procrearon entonces?

Hay rasgos que indudablemente no vemos que es el genotipo, pero el fenotipo si lo percibimos a través del rostro, color de la piel, la forma de los ojos, el pelo... Si empezamos a visualizar notamos que la mayor presencia indígena está en el Guamache y Punta de Araya. Yo manejo una tesis que estoy fundamentando donde sostengo que nosotros somos descendientes del Japón Mucha gente de Araya tiene rasgos asiáticos, su fisonomía es asiática. En Araya, hubo presencia del verdadero caribeño. Punta Colorada es una población que tiene esas características. Mi abuela Catalina era una india con facciones de gente asiática, y estos rasgos se mantienen en mi mamá y mi hija.

Julio Hernández (Cultor popular y Cronista de Manicuare)

Los rasgos caribeños presentes son muy parecidos porque el Caribe se parece tanto. Por ejemplo en sus modos de vida; la pesca. Es esencial los elementos que los identifica: la pesca, la misma forma de ser la persona aunque tengan diferentes formas dialécticas, tenemos las mismas costumbres y creencias. Con todos los cambios culturales eran una población creyente igual que Jamaica, Puerto Rico, variadas, pero con ese mismo tópico y de su clima tropical. Casi todos los países caribeños conservan sus diferentes ritmos musicales, pero con igual matices caribeños. Por ejemplo, nuestra expresión llanera: el joropo; la cumbia de Colombia, Puerto Rico con su samba se mezcla de ritmos, cantos y música. La décima espinela venezolana es diferente a la cubana, pero lleva la misma tendencia del galerón. Tenemos una confluencia de culturas que lo podemos palpar en el mismo grupo cazuela de aquí de Manicuare: ellos tocan música oriental, pero igual cantan la cumbia. También lo ve uno en las danzas, en las mismas expresiones del ser humano. Somos una sola familia: venimos de los Caribes. Los guerreros que en última instancia, lucharon y dieron su vida por sus ideales.

Danzas Haraía montó un espectáculo con un grupo de costumbres de diferentes países mezcla de actividades. Nuestros poetas declamaron poesías de poetas cubanos y demostraron que no existen restricciones entre los diferentes pueblos caribeños. Tenemos diversidad de jota: la carupanera, la margariteña, la cumanesa, el galerón, el joropo y el estribillo. Hay un encuentro en ese compendio que nos fortalece, rodeados del Mar Caribe.

Me parece fundamental que debemos tocarlo con una nueva visión con la cultura caribeña. Que no nos quedemos solo con lo de Araya: joropo y estribillo. Estamos más ligados con la cultura neoespartana que con la sucrense. De Margarita, hemos recibido mayor asistencia cultural porque los guaiqueríes tuvieron más contactos con nuestras costas que los cumanagotos y chaimas. Esto se visualiza, más que todo, en la parte norte de la Península porque los cochenses se radicaron por estos lados y poblaron todo el territorio peninsular. Lo vemos en las diversiones: el carite, la liza etc. Otro elemento común es la artesanía. Hay un lugar en Margarita llamado el cercado que utiliza el mismo procedimiento para fabricar la cerámica y el mismo proceso para la losa.

¿Qué legado caribeño aún encontramos en el peninsular?

Carlos Isaba: Cronista de Araya

Nosotros vemos el legado desde acá, lo cual es una visión etnocentrista. El centro de todo era Europa, la cruda realidad nuestra es que el legado de nuestros aborígenes fue el que permitió la penetración europea. Nuestros indios los enseñaron a pescar, recolectar los vegetales que se podían comer, la siembra, cómo cazar y hasta el lenguaje. Los europeos se vieron en la imperiosa necesidad de aprender nuestros dialectos, nuestros conocimientos ancestrales. Uno de los legados caribeños fue nuestra forma particular de hablar. Y esta peculiaridad la vemos en Chacopata, Guayacán porque allí hubo poca presencia europea, ésta se acentúo más en Araya y Manicuare. También en Tacarigua y Merito. Ellos nos dejaron su forma y modos de vivir y de pensar. La gente de Manicuare acaba con la Presencia indígena del lugar. Allí hay un cerro llamado el indismo donde se han encontrado vasijas que a nivel arqueológico data de más de 1500 años.

Julio Hernández (Cultor popular y Cronista de Manicuare)

Sus formas de trabajo, sus prédicas, sus herramientas, sus formas de elaborar las nasas, de pescar, de sobrevivir. Nos dejaron la rebeldía como uno defiende a su territorio, a su patrimonio tangible que tenemos, en contra de cualquier abuso de someter al pueblo. Cruz María fue un Caribe nato, se enfrentó a la dictadura gomecista. Fuimos el único pueblo peninsular que mostró su resistencia cultural a través de la pluma de Cruz María Salmerón en defensa del territorio nuestro. Somos rebeldes por naturaleza en la defensa de nuestros hijos y pertenencias.

¿Tiene alguna reseña poética de alguna mitología o leyenda caribeña?

Carlos Isaba: Cronista de Araya

La historia caribeña no existe, se ha perdido en el tiempo. Nuestros indígenas transmitían sus conocimientos y cultura en forma oral y cuando llegan los españoles desaparece. De la Angoleta, hay un camino llamado el camino de los españoles que es a través de un arroyo, éste permite llegar a Tacarigua. Para muchos españoles fue un puente para llegar a Margarita, Coche y Cubagua. Este arroyo se convertía en un puente. Punta de Araya la tenemos que tomar a nivel histórico con sutileza e importancia. Si analizamos los mapas de la época aparece Punta de Araya y no Araya. Los cartógrafos de la época lo que venían dibujando era la costa. Y precisamente Punta de Araya era el puente para entrar a América del Sur, de allí la importancia de este eje estratégico. Los barcos que llegaban de Europa atracaban era en Punta de Araya, las piedras más preciosas eran extraídas de esta aldea. Lo que pasa es que no hay material histórico que corrobore esta afirmación, pero Punta de Araya tenía más importancia para el mundo que Araya y Manicuare, sobre todo cuando el poder residía en Cubagua. De las Casas, hace alusión junto a otros expedicionarios de que los barcos europeos llegaban a Punta de Araya y que éste se convirtió en el puerto más importante del oriente por su gran auge comercial derivado de las perlas.

Julio Hernández (Cultor popular y Cronista de Manicuare)

Tengo anécdotas que han marcado etapas: En 1913, Cruz María tenía un año enfermo, él se fue de aquí a estudiar derecho en la UCV. Él decía que quería ser abogado para defender los intereses de los pescadores. Sus abuelos y padres eran pescadores. En el puerto de Santa Fe, su hermano Antonio y otros compañeros echaban a pelear a los gallos. Ellos fueron a la gallera y allí llegó Eleazar López Contreras, quien era para ese entonces Presidente de las salinas de Araya y los manicuareros llevaron un gallo que iba a pelear con el de López Contreras. Antes de la pelea se acostumbraba a desinfectar las espuelas de los gallos con limón y alcohol. Desinfectaron las espuelas del gallo del manicuarero Ismael López, pero no al gallo de López contreras. En ese momento intervino Cruz María y le preguntó Por qué no se desinfectó el otro gallo y López Contreras responde a ese gallo no porque es del presidente. Usted puede ser presidente, pero la justicia social es igual para todos. Si eso es así el gallo de mi amigo no va a la pelea. La historia hay que buscarla debajo de las piedras. Él fue preso porque le mataron a un hermano. El pueblo linchó al prefecto y las fuerzas gomecistas arremetieron contra el pueblo. En la cárcel conoció a un preso común: el negro Montoya y éste le dijo a Cruz María que él no se había fugado porque tú estás aquí conmigo y efectivamente cuando Cruz maría salió, el negro Montoya se fugó.

Otra anécdota fue cuando un funcionario de Gómez le pidió que escribiera algo para el dictador en víspera de su cumpleaños y éste respondió Usted no ha escuchado hablar del Cisne negro? El barco que carga a los leprosos y los echa en alta mar; pues dígale a su presidente que en Manicuare hay un bardo enfermo porque mi pluma no se prestará para escribirle a un tirano.

Cruz María es para nosotros un guía espiritual, su pensamiento filosófico, cultural, social, político está vivo por eso estamos solicitando a la zona educativa que incorporen en el currículo de bachillerato la cátedra salmeroneana.

Nexos compartidos

Sin duda las palabras, poéticas y narraciones de estos imaginarios desbordan la ética y la estética del sentir juntos en aras de construir esa nueva dirección identitaria de vida alternativa por el que hemos de transitar. Estas aristas, nos permiten enlazar con el pensamiento de Maffesoli (1997). Este hombre perceptivo de la convivencia humana, destella su espíritu sensible y sus alas subjetivas para envolver a todos los concurrentes a este intercambio. Este peregrino intelectual, nos reitera que nuestra crisis es de corta mirada porque no vemos la amplitud de las sociedades en que vivimos. Insinúa ante esta gran crisis societal que se deben romper los vínculos con los contratos sociales, racionales y en su lugar propone: "El pacto adélfico de hermanos, emocional, símbolo que va a ser la creación del espacio común, reconocimiento del otro y de uno mismo". (Maffesoli, 2013: 3)

En estas ideas propuestas, hay el germen de una verdadera comunión. Asumir el rol de las re- alianzas en lugar del contrato social tiene su cimiente en una cultura del encuentro y del sentimiento. Allí anidan la imaginación y la fantasía para rasgar lo real, recurriendo a los sueños, a la intuición a las mitologías para tejer el re-encantamiento del mundo en el orden simbólico. De allí que la investigadora se ha esforzado por construir un espacio permeado de raciovitalismo de la palabra y de las experiencias contadas y por contar. Redescubre que en este acto creativo hay toda una búsqueda de articulación entre textos de una poética dialogada para construir una antología de lo que somos en esta nueva socialidad.

En este interín de lo socio- afectivo con su teoría de los imaginarios colectivos, interviene Castoriadis, polifácetico pensador de la sociedad y afirma:

> **Ninguna sociedad puede perdurar sin crear una representación del mundo y, en ese mundo, de ella misma. Los hebreos del Antiguo Testamento, por ejemplo, plantean**

que hay un Dios que ha creado el mundo y que ha elegido la línea de Abraham, Isaac, Jacobo, etc, hasta Moisés como «su» pueblo. Para los griegos, para los romanos, existían representaciones globales que jugaban el mismo papel. Nada de esto vale para el hombre contemporáneo...Si se piensa a sí mismo, se ve como una brizna de paja sobre la ola de la Historia, y a su sociedad como una nave a la deriva. (Castoriadis, 2006: 1)

En esta evolución de lo que somos, este singular crítico sitúa al imaginario social, inmerso en creencias y acontecimientos históricos que van marcando el rumbo de nuestro pensamiento y de nuestras representaciones en el mundo y que lo llevan a concebirse como una brizna de paja que la historia tambalea porque su nave está a la deriva. En estas sentencias hay el imperativo ético y humano de construir un nuevo imaginario y una narrativa enmarcados en una interacción socio-simbólica que incorpore a los pobladores peninsulares excluidos, a los sectores verdaderamente tocados por la crisis, a los nuevos actores y nuevas orientaciones socio-políticas.

Este polifacético escritor, sin la falsa celebridad de los intelectuales orgánicos de su época, hace alusión a los vacíos políticos de nuestro tiempo, y alerta que esos vacíos son cuando el pueblo no participa en la conducción de los intereses comunes. De allí que avizora no caer en el conformismo, la apatía porque estos son hilos que solo nos pueden conducir a la zozobra del mar de las crisis. Insiste que la carencia de la autonomía individual y colectiva para ejercer las libertades conquistadas no es una opción de futuro.

Imbricada en la tarea de esa nueva antología caribeña, nos suscribimos a la poética de la relación de Édouard Glissant para diseñar un espacio de conexión emocional compartida que aperture sus espacios emocionales a esas pequeñas historias vividas que sintetizan lo social frente a la gran historia continental ya que este estudio aboga por el principio de igualdad y el reconocimiento de la diferencia y por la unidad y diversidad en el Caribe.

De manera que el emplazamiento de los imaginarios peninsulares, coinciden con Édouard Glissant (1985:39) cuando plantea Una *Poética de la Relación*, una poética de cruzamientos culturales; enfatizando en las pluralidades que como resultado de vicisitudes históricas y sociales se han convertido en lo que caracteriza la identidad caribeña. Reitera la necesidad de concebir la construcción de una identidad, pero no en términos autoritarios, totalitarios, estáticos, unitarios y excluyentes, sino más bien una especie de identidad y nacionalidad diversa, en movimiento, híbrida y rizomática.

Desde esta perspectiva se pueden ofrecer interesantes ángulos de reflexión no sólo para el análisis del texto y el contexto, sino también de la cultura y la sociedad de esta unidad- diversidad antillana que nos constituye, y movilizar un universo de significados dentro del mundo social que aún mantiene relaciones de dominación que impiden escuchar el conjunto heterogéneo de las voces del Caribe. Por ello es tarea nuestra agudizar la mirada crítica que problematiza el propio modo de mirar y buscar puntos de fuga no explorados que aniden las más variadas visiones del mundo caribeño, expresadas en actitudes colectivas, valores e ideologías que hablen de la soberanía de la diferencia y dejen entrever la comunidad de sus ideas. Existe una inquietante búsqueda por construir una narrativa poética con rostro, expresión y aroma caribeño.

En el eje onto-simbólico, subyace en los discursos de estos evocadores la búsqueda de un ser de relaciones como presencia simbólica cuya función no es la de significar, sino la de simbolizar y la de convertir el simple diálogo en metáfora invocadora que nos permita reconocernos como un ser colectivo, constructores del sentido convivial de la vida, un ser en constante devenir que se reafirma ante la presencia del otro. Hay una incitación para redescubrir nuestra esencia ontológica como tribus, como seres de invención, espiritual, imaginativa, sensible, trascendental, envueltos en una ensoñación de la aventura.

Himno Rizomático

Esta travesía se emprende con espíritu bohemio, por ello se dejan a flor de piel esencias y savias de un Caribe vivo, estetizante que emerge de las transversalidades que emana de las miradas y poética de los imaginarios peninsulares y que armonizan en la entonación de un himno lleno de experiencias estéticas por contar. En este himno rizomático confluyen cinco categorías de análisis: percepción del Caribe, rasgos caribeños, arraigo caribeño, legado caribeño y mitología caribeña, los cuales - a su vez- despliegan varios núcleos temáticos. Todos los imaginarios en interacción se expresan entrelazados, visualicemos, entonces, esta atarraya, construida con los hilos de la imaginación:

Percepción del Caribe:

Entre los elementos caracterizadores de la percepción del Caribe destacan:

Es una unidad geográfica extensa donde una raza indómita nos dejó un legado cultural interesante. ***(Jesús Núñez),****. Es una raza pura, indómita.* ***(Alejandro Millán)*** *Fue un legado que Dios nos dejó, una reliquia.(* ***Leobaldo Vásquez),*** *Tiene dos connotaciones: una geográfica que es el Mar Caribe que baña estas costas y la otra es la de nuestra raza* ***(Asdrúbal Fuentes)*** *Es donde pernotan las etnias de generación en generación****(José Rivero),*** *Es todo: Raza indómita, mar, costumbres* ***(Aníbal Núñez),*** *el Caribe es todo: mar, raza, costumbre,* ***(Ramón Badaracco),*** *raza indómita, guerrera* ***(Cruz Fernández),*** *Raza aguerrida* ***(Jorge Marval),*** *es raza bravía* ***(Víctor Marín)*** *El Caribe es todo, porque abarca desde nuestra forma de vivir hasta la penetración de la nueva cultura impuesta con la llegada de "Colón",* ***(Carlos Isaba),*** *A parte de ser mar, un espacio geográfico. Es un sitio de encuentro donde se mezclan las identidades caribeñas. Hoy el Caribe representa una identidad propia y diversa, de mezclas, de culturas, es la esencia misma del ser latinoamericano caribeño... En síntesis, el Caribe somos todos.* ***(Julio Hernández)***

En esta confluencia de voces entre evocadores de las parroquias Araya y Manicuare se percibe una gama de policromía en torno de la percepción del Caribe. Destacándose múltiples vertientes que intentan conceptualizar al Caribe. Es así como se despliega en estas apreciaciones un abanico de caracterizaciones religiosas, geográficas, étnicas, económicas, afectivas y como totalidad.

Las distintas corrientes marinas y mareas verbales nos llevan al reencuentro con nuestra espuma primigenia y perfilan al Caribe como transmutado, en trayecto aventurero, deseoso de exaltar la belleza de nuestros paisajes y el idilio de una raza indómita, bravía, aguerrida, luchadora que se mimetiza con el mar Caribe y con el otro, integrando todas las siluetas étnicas, sus múltiples matices, flujos estelares, diversas órbitas, desiguales velocidades de rotación y se concretiza en un único portador de todo lo que somos en esta policromía geohistórica.

Todas estas conceptualizaciones llevan impresas una fuerte carga valorativa de un ser y un estar en la vida. Son construcciones socio- simbólicas que tocan los linderos de la personificación e idealización del Caribe. Se evidencia una percepción religiosa casi mística del Caribe cuando se concibe como santuario, creación maravillosa, obra natural de un creador, idea grandiosa del creador. Enlazada con la valoración del Caribe con ese matiz afectivo al compararlo con un amigo, un padre, una herencia ancestral.

También se aprecia una concepción utilitaria de tipo económica cuando se afirma que el Caribe es fuente de riqueza, fuente de trabajo, fuente de provecho fuente de vida, etc. Concatenada con una concepción geográfica del Caribe como territorio marino, costa caribeña, mar… Lo cual se sintetiza en la expresión integradora del Caribe cuando los imaginarios simbólicos concluyen que el Caribe es todo: nuestros ancestros, raíces culturales, mar, mezcla de identidades…

En síntesis, El Caribe es ese reino natural y sobrenatural que abarca el sincretismo de los sentimientos, pensamientos, presentimientos hasta desbordar nuestra imaginación. Lo cual se sintetiza en la expresión integradora del Caribe cuando uno de los imaginarios simbólicos concluye que el Caribe es todo: nuestros ancestros, raíces culturales, mar, mezcla de identidades…

Estas claves nos convocan a instaurar nuevas realidades, una nueva visión que permita un tejido de interacciones, de emociones, afinidades estéticas, de hallazgos. Hay en este afán crear esa mixtura propuesta por Lárez (2014) que funciona como" acercamientos de subjetividades diversas, nuevos saberes, diálogos, formas de leer, de sentir, y estar… Nuevos lenguajes, signos y códigos representacionales que vendrían a ser reconocidos por sus formas sociales y culturales." Para crear esos nuevos territorios de relaciones estéticas entre los imaginarios socio- simbólicos del Caribe peninsular.

Rasgos caribeños:

Como elementos identitarios caribeños, manifiestan:

Modos de vida, formas de ser ***(Jesús Núñez),*** *rasgos físicos: pelo lacio, contextura fuerte* ***(José Rivero),*** *sentido del humor, amor y humildad. En el aspecto de modo de vida: la pesca artesanal y en la fisonomía tenemos los rasgos de nuestra raza aborigen que se han mantenido a través del* *tiempo.* ***(Alejandro Millán),*** *En cuanto a la fisonomía, hay rasgos netamente indígenas (* ***Leobaldo Vásquez),*** *hay muchos rasgos físicos que aún se mantiene y los modos de vida* ***(Aníbal Núñez),*** *Todos los venezolanos tenemos rasgos caribeños. Por varias generaciones los Caribes se mimetizan con los blancos y aunque en algunas poblaciones de la península no se tengan rasgos físicos de los indígenas, conservan sus costumbres y su forma de ser. El negro no forma parte de la fisonomía arayera.* ***(Ramón Badaracco),*** *conservamos sus rasgos físicos y formas de ser* ***(Jorge Marval),*** *lo que tenemos de los indígenas es su gusto musical* ***(Víctor Marín)***

Lo que aún conservamos de los Caribes son algunos rasgos físicos y formas de ser ***(Asdrúbal Fuentes)*** *Nos inculcaron el racismo. .. Sí tenemos descendencia caribeña, las expediciones europeas España- Holanda no traían mujeres, eran netamente expediciones de hombres. Cómo se explica, entonces los 50 años de presencia europea en Araya? ¿Con quienes procrearon? Hay rasgos que indudablemente no vemos que es el genotipo, pero el fenotipo si lo percibimos a través del rostro, color de la piel, la forma de los ojos, el pelo...* ***(Carlos Isaba).*** *Los rasgos caribeños presentes son muy parecidos porque el Caribe se parece tanto. Por ejemplo en sus modos de vida; la pesca. Es esencial los elementos que los identifica: la pesca, la misma forma de ser la persona aunque tengan diferentes formas dialécticas, tenemos las mismas costumbres y creencias... Casi todos los países caribeños conservan sus diferentes ritmos musicales, pero con igual matices caribeños.* ***(Julio Hernández)***

Se interconectan en este eje categorial una epifanía de voces que presentan diferentes tonalidades e intensidades en su decir ya que evocan y re-evocan incesantemente esos rasgos inherentes que esconden nuestra esencia. Confluyen en este espacio varias caracterizaciones vitales y expresivas que precisan en su pluralidad el don de inventar y habitar la melodía de lo que somos. Emergen como espacios de resonancias y sugerencias de nuestra identidad caribeña que se bifurcan en seis direcciones bien demarcadas:

Una primera línea se identifica con una fisonomía colectiva: rasgos físicos, pelo indio, color de piel, forma de ojos, rostro de pescadores, raza injertada; una segunda asociada al concepto de valores y costumbres: el compartir, la familiaridad, lo unido, etc. Una tercera dirección se orienta hacia la forma de ser: el trato, lo pila que somos, aventureros, trabajadores, guerreros, responsables, buen humor, alegre; una cuarta afiliada con los modos de vida: el arte de pescar, la artesanía; la quinta ruta está marcada por una negación de lo que somos: no se aprecian rasgos indígenas, nuestros rasgos son españoles y holandeses, esta concepción se engarza con un concepto de racismo.

Ellos conceptualizan el espacio como un dispositivo en el que fundamentan su identidad caribeña por eso es que el mar alcanza el plano metafórico; imprimiéndole una gran carga imaginaria de significaciones. En este sentido, Benítez, a (1998) sostiene que todo caribeño, percibe su piel como un territorio en continuo conflicto; una trinchera que hay que ganar y legitimar para el Yo, o ceder incondicionalmente al Otro. (p.185). Hay toda una reafirmación de su espacio caribeño en la voz de la mirada de cada imaginario socio-simbólico. El centro donde gravita su creación es el Mar Caribe con sus escudos protectores que son sus modos de vida.

Apreciamos en este coloquio una constelación de rasgos caribeños que se traducen en aspectos físicos, culturales, étnicos, de actuación y ritmo, Son perfiles que dicen y muestran nuestra fisonomía, cultura, modo de ser y las diversas formaciones étnicas de una arquitectura de nuestro ser, en posesión de tantas historias y sueños como puedan contarse. Se señala una ruta marcada por la negación de lo que somos: cuando en el color de la piel y los ojos no se aprecian rasgos indígenas, sino los españoles y holandeses y muchos se asumen como netamente de descendencia europea. Esta concepción se engarza con un concepto de racismo. Sin duda, el ser caribeño se construye de múltiples identidades. Tal como lo expresa Benítez, A (1998) "somos islas que se repiten incesantemente —cada copia distinta—", Es decir, cada copia trae impresa un sello personal, un código genético que nos hace distinto a los demás.

Arraigo caribeño:

Este eje categorial se ubica en un diálogo de intersubjetividades, escuchemos sus ecos:

Sí. Me siento caribeño Porque es la idiosincrasia que tenemos y por el Mar Caribe. ***(José Rivero),*** *Yo soy caribeño, somos descendientes de los Caribes... Somos descendientes de los indígenas, por eso somos indómitos... Me siento caribeño porque tenemos dos legados económicos: la pesca artesanal y las salinas. También por la idiosincrasia de nuestras etnias.* ***(Alejandro Millán),*** *Particularmente creo que nos queda muy poco de ello. Ahorita se habla de los indígenas de manera despectiva.* ***(Asdrúbal Fuentes)*** *Yo me siento caribeño porque nací de ese mar, soy descendiente de* *los españoles y holandeses. Siento ese mar que me cobija y me incita a la inspiración (* ***Leobaldo Vásquez)***

Por supuesto que sí. Todos tenemos un linaje mezclado con los Caribes. A pesar de que en Araya emergieron los personajes más notables de Venezuela. Araya fue una ciudad itálica. Los hombres ilustres descendieron de Araya, ya había duques, marqueses, etc. ***(Ramón Badaracco),*** *Soy caribeña, basta con mirar el mar y el cielo para sentir nuestra raza.* ***(Cruz Fernández),*** *Todos tenemos ese espíritu caribeño, además vivimos a orillas del Mar Caribe.* ***(Jorge Marval),*** *sí somos caribeños por nuestra costa Caribe e idiosincrasia* ***(Jesús Núñez),*** *Si, somos caribeños por nuestra cercanía al mar* ***(Víctor Marín)*** *Todos tenemos raíces caribeñas* ***(Aníbal Núñez)*** *No es sentirse caribeño. Todos tenemos esa cultura y fenotipo caribeño en nuestra sangre. Tengo sangre Caribe. Tú eres Caribe. No es lo que siento, es lo que soy: Soy Caribe.* ***(Carlos Isaba),*** *Sí, es que todos somos hijos de los Caribes, estamos cercados por el Mar Caribe. Nuestra raíz es de origen caribeño. Una mezcla de etnias los Caribes, los Chaimas, Cumanagotos y Guaiqueríes. Nosotros somos caribeños porque fueron los Caribes quienes nos poblaron.* ***(Julio Hernández).***

En este escenario de percepciones, relaciones y sensibilidades, intentamos remar hacia las estancias y pasadizos secretos de una memoria histórica en aras de redescubrir los hilos que unen el entramado narrativo del arraigo caribeño. En esta proxemia de compartir juntos, encontramos que el grito del arraigo caribeño del peninsular viene dado en primera instancia por su ámbito geográfico: el mar se ha convertido en su leitmotiv. Es así como: orilla de playa, cercanía con el mar, nací en una playa, orilla del mar, rodeado de aguas caribeñas, caribeño, marinero, pescador son variantes de un mismo núcleo temático que reitera su sentido de pertenencia.

Otro elemento que irrumpe con gran fuerza en esta caracterización es el étnico-afectivo que se aprecia en su lenguaje testimonial: Somos Caribe mezclados con europeos, aquí se fundaron mis raíces, tengo sangre indígena, 100% caribeño, siento la sazón caribeña, el Caribe lo llevo en la sangre, no es lo que siento es lo que soy, soy Caribe. Esta redefinición del arraigo por nuestras raíces confluye en un debate que traspasa los linderos de un diálogo de saberes para ubicarnos en un diálogo de intersubjetividades. Esta confluencia de visiones constituye un desafío mayor: el de encontrarnos, mirarnos, descubrirnos, identificarnos y comenzar a saber quiénes realmente somos y de este modo construir el alma de nuestra cultura caribeña.

En medio de un desfile mestizo de referencias históricas, geográficas y en lenguaje sugerente, emerge el arraigo caribeño como un referente identitario que eleva la fantasía de estos imaginarios simbólicos peninsulares a dimensiones inusitadas que se enmarcan en la personificación del pescador y del salinero como indómitos, de linaje mestizo, inspiradores, descendientes de hombres ilustres, es la idiosincrasia de una nueva raza que se forja en esta costa caribeña y que reconoce sus raíces indoamericanas de una estirpe bravía.

También se escuchan voces disonantes como la de Asdrúbal fuentes que exalta la mentalidad despectiva que algunos tienen con respecto al indígena. "No es lo que siento es lo que soy, soy Caribe". Esta redefinición del arraigo por nuestras raíces confluye en un debate que traspasa los linderos de un diálogo de saberes para ubicarnos en un diálogo de intersubjetividades. Esta confluencia de visiones constituye un desafío mayor: el de encontrarnos, mirarnos, descubrirnos, identificarnos y comenzar a saber quiénes realmente somos y de este modo construir el alma de nuestra cultura caribeña.

De allí que se hace necesario recurrir a las bases geohistóricas del Caribe peninsular arayero para entender esta diversidad multicultural y sincretismo caribeño, que originó las más hermosas mezclas étnicas, religiosas, culturales de distintas latitudes y que tienen presencia en los rincones más apartados de la geografía peninsular. Hasta el término «caribeño», resulta confuso y es objeto de debate. De allí que coincido con Ortiz (1940) que el sincretismo cultural, debe ser entendido como formas de pensamiento «mágico», «mitológico», «simbólico», «poético», etc. Hoy más que nunca debemos indagar en esos fragmentos dispersos de la historia que se conectan con múltiples líneas de vida para que afloren la gran diversidad que nos caracteriza, de tal modo, que podamos fortalecer el espíritu arraigado de una raza que no debemos dejar morir.

Legado Caribeño:

Esa raza indómita nos dejó como legado el anzuelo, el arpón y el Palangre que es nuestra razón caribeña. Además tenemos cuatro elementos esenciales que son nuestro gran legado: La gran salina de Araya, la pesca artesanal, las loceras y nuestro poeta Cruz Salmerón Acosta. También nos dejó el trueque ***(Alejandro Millán),*** *A los peninsulares nos dejó el chasquear cultural de la paraulata. Ese canto caribeño que se manifiesta en todo momento.* ***(Víctor Marín)*** *En la parte norte de la península aún se mantiene la cultura del trueque... También está presente la cultura de* *la atarraya como tradición y modo de vida. Aún esas culturas se mantienen. Esa es una herencia que nos han dejado nuestros ancestros.* ***(José Rivero),*** *El legado que nos dejaron fueron las diversiones, la música caribeña y los instrumentos musicales rudimentarios.* ***(Leobaldo Vásquez),***

Todos los sonidos nos vinieron de los indígenas. El sonido nuestro es caribeño, la comparsa, las diversiones. ***(Asdrúbal Fuentes),*** *nos dejaron las salinas y la pesca artesanal* ***(Jesús Núñez),*** *Bartolomé de Las Casas decía: que los indígenas tenían voces muy bellas y utilizaban con mucha gracia numerosos instrumentos como las maracas. Las costumbres indígenas estas se mantienen muy bien. El Caribe se puede estudiar más a través de la lengua y la cultura que de la antropología. También el arayero conserva la viveza del Caribe y su espíritu infatigable.* ***(Ramón Badaracco),*** *Considero que nos dejaron su carácter aguerrido, de no dejarnos vencer por las adversidades, por hacer de tripas corazones.* ***(Cruz Fernández).***

A mi modo de ver nuestros indígenas nos dejaron su forma de vida: la pesca y la música ***(Jorge Marval),*** *nos dejaron los cantos caribeños* ***(Víctor Marín)*** *Nuestros ancestros nos dejaron como legado la forma de ser, los modos de vida: pesca artesanal, las salinas y también su folklore.* ***(Aníbal Núñez)*** *la cruda realidad nuestra es que el legado de nuestros aborígenes fue el que permitió la penetración europea. Nuestros indios los enseñaron a pescar, recolectar los vegetales que se podían comer, la siembra, cómo cazar y hasta el lenguaje... Uno de los legados caribeños fue nuestra forma particular de hablar... Ellos nos dejaron su forma y modos de vivir y de pensar.* ***(Carlos Isaba).*** *Sus formas de trabajo, sus prédicas, sus herramientas, sus formas de elaborar las nasas, de pescar, de sobrevivir. Nos dejaron la rebeldía como uno defiende a su territorio* ***(Julio Hernández).***

En este juego de aproximaciones, los evocadores en referencia, abogan por la creación de puentes dialogantes, narrativos, sensibles, intuitivos para restablecer o recrear la conexión emocional con su legado caribeño. Sin esta revalorización emocional no es posible comprender que la riqueza simbólica del Caribe, germina en la diversidad. De allí la necesidad de fortalecer lo emocional como una alternativa que permita el reconocimiento de un legado que viene dado por diferentes vertientes.

De este modo, un grupo significativo de imaginarios socio-simbólicos sostienen que el mayor legado del Caribe reside en sus valores, entre los cuales resalta: su espíritu dado, el amor, la humildad, la unidad, los modos distintos de pensar, la forma de hablar, lo natural, lo espontáneo, las buenas costumbres, amor por su tierra, amor al trabajo y se sintetiza en la siguiente expresión: somos creadores.

Otra conceptualización que cabalga pareja con la anterior son los modos y formas de vida del peninsular, destacándose: el arte de la pesca, las formas de trabajo, las herramientas utilizadas, como formas de sobrevivencia que nos legaron nuestros ancestros. También destaca como legado el espíritu festivo; ya que nos dejaron sus tradiciones, diversiones, música. Mientras que para el pueblo manicuarero dejó el cerro indismo como señal de una raza que construía con sus manos el arte de la arcilla y le dejó como legado sentimental al poeta Cruz Salmerón Acosta.

Innumerables acontecimientos revelan que asistimos a transformaciones sustanciales en nuestros modos de vivir, de ver, de sentir, de mirar, de decir y representar la realidad. Todo convoca a pensar y actuar en una nueva solialidad intercultural de lo vivido, al mejor estilo de Lárez,(2014) una nueva forma de vivir socialmente, en un escenario de proximidad emocional como lo replantea Maffesoli (1997). Estamos presenciando la transfiguración en todos los órdenes de la vida societal: su otro rostro. Inmersos en esta complejidad, se ha insistido mucho en la necesidad de promover otras discursividades enlazadas con la interculturalidad. Consecuentemente con ello, se han creado nuevos espacios de intersección dialógica. Hoy se nos exhorta a ensayar nuevos lenguajes de vitalidad para impulsar esa potencia subterránea que dé lugar a la comunión entre los seres humanos.

La pupila europea que se hizo presente en estas tierras, posiblemente se deslumbró ante la presencia de riquezas todavía inexploradas de una salina prodigiosa e invalorable. Quizás éste haya sido el anzuelo del proceso de transculturización que se inició en nuestro ámbito geográfico. Esta herencia ancestral dejó un legado unificador importante en el peninsular y profundo matiz indoamericano que fue edificando poco a poco nuestra forma de ser, de vivir, de sentir: la atarraya, la pesca artesanal, el trueque, la salina, las diversiones, el chasquear de la paraulata, todo habla de un nosotros.

Sin duda, estos imaginarios en interacción, abrazan, profesan, recrean y enaltecen en su diario vivir el ser caribeño y el estar en el Caribe como una ética y una estética de su legado identitario. Hoy se nos exhorta a ensayar nuevos lenguajes de vitalidad para impulsar esa potencia subterránea que dé lugar a la comunión indoamericana. Es esa dimensión afectiva, ese sustrato sensitivo, simbólico y emblemático lo que hay que construir.

Mitología caribeña:

En la cabecera de Cubagua había un cerco de coralito ya desgastada y allí supuestamente estaba un fósil de una india que fue asesinada. Ella usualmente viajaba de Cubagua a la Península. ***(José Rivero),*** *Yo también tengo una leyenda caribeña que narra un día de diversión. Me fui a bañar al castillo y aproveché de echar una pescaíta. Resulta que yo tenía un botecito y estaba pescando en el castillo y allí me salió una sirena, la seguí hasta Margarita.* ***(Leobaldo Vásquez),*** *Nosotros también tenemos una leyenda muy representativa llamada "El abuelón de las salinas de Araya"* ***(Aníbal Núñez),*** *La forma como se preparaba al niño de las tribus caribeñas para la vida. Se preparaban tomando en consideración su afición e inclinaciones. Por ejemplo a los que se identificaban con los caimanes se les enseñaba a nadar, los que sentían afinidad por los monos se les enseñaba a trepar árboles, los que simpatizaban con los leopardos, les enseñaban a destacarse como corredores- cazadores, etc.* ***(Ramón Badaracco)***

Aquí en Araya es muy famosa la leyenda de "El abuelón de las salinas de Araya" ***(Alejandro Millán),*** *sí aquí todos hablan de ese cuidador que tuvo las salinas y la gente lo llamó "El abuelón de las salinas de Araya"****(Jesús Núñez)****Sí esa es la leyenda que yo conozco.* ***(Asdrúbal Fuentes),*** *sí la más nombrada es la de "El abuelón de las salinas de Araya"* ***(Víctor Marín)*** *en estos momentos no recuerdo ninguna* ***(Cruz Fernández),****Yo tengo una distinta...Una tarde, como a eso de las cinco, yo fui con Pelayo y Julián (dos compañeros) al monte a cazar conejos y ya cuando iba cayendo la estela de la noche, oí en el firmamento el canto de un gallo que decía KiKiriKi, KiKiriKi, pero fue un canto melodioso, sonó como un canto celestial.* ***(Jorge Marval).*** *La historia caribeña no existe, se ha perdido en el tiempo. Nuestros indígenas transmitían sus conocimientos y cultura en forma oral y cuando llegan los españoles desaparece... La memoria histórica de Araya se ha perdido por la no presencia de un cronista en el Municipio para dejarla como legado a las nuevas generaciones...* ***(Carlos Isaba).*** *Tengo anécdotas de Cruz María que han marcado etapas... Cruz María es para nosotros un guía espiritual, su pensamiento filosófico, cultural, social, político está* *vivo por eso estamos solicitando a la zona educativa que incorporen en el currículo de bachillerato la cátedra salmeroneana.* ***(Julio Hernández)***

Entramos de este modo, al territorio signado por la omnipresencia espiritual simbólica de la mitología caribeña. Los sentimientos que los imaginarios dejan traslucir en este momento son de misterio. Resalta la presencia íntima de quien devela un secreto. Sus narraciones establecen líneas divisorias entre la razón sensible y la intuición mitológica porque están llenas de resonancias ancestrales y proféticas.

Ubicándonos en estas ficciones narrativas, resalta en estas leyendas el encanto que habita en las aguas, lo cual viene dado por la fertilidad imaginativa del inconsciente colectivo o de la revelación. Entre los diferentes cultores que participaron en este foro, se escucha el eco altisonante de una voz que reafirma la inexistencia de la historia caribeña en territorio peninsular. En términos generales, hay mucha afinidad simbólica alrededor de la mitología caribeña "El abuelón de las salinas de Araya".

Se percibe una especie de misterioso aire de magia oculto en esta leyenda. No cabe duda que Araya fue el epicentro de toda una vasta y trascendental cultura caribeña. Ella fue la cuna de las encrucijadas de razas donde se fusionaron la espiritualidad, el misterio, la leyenda, la poesía, lo humano y lo divino. En ésta como en otras tantas leyendas caribeñas peninsulares conviven épocas distintas en un mismo momento, y por tanto las categorías temporales se desintegran o desmoronan en la dimensión real de esta península. Por ello, podemos afirmar que la categoría de lo real maravilloso permea todas estas leyendas.

Al respecto, Carpentier (1969: 132), concluye que:

> **Lo real maravilloso comienza a serlo de manera inequívoca cuando surge una inesperada alteración de la realidad (el milagro), de una revelación privilegiada de la realidad, de una iluminación inhabitual o singularmente favorecedora de las inadvertidas riquezas de la realidad, de una ampliación de las escalas y categorías de la realidad, percibidas con particular intensidad en virtud de una exaltación del espíritu que lo conduce a un modo de estado límite**

Al sumergirnos en este juego simbólico de lo real maravilloso, percibimos la capacidad de asombrar que encierran estas leyendas y la capacidad de tender puentes entre el ayer y el presente. Por ello, podemos decir que en estas mitologías se desdibujan las identidades reales y emergen identidades subjetivas. Este rico caudal socio-simbólico de resignificaciones planteadas establece un arsenal de posibilidades y de nuevas búsquedas que dejan entreabierto el menú para la irrupción de una nueva sensibilidad socio-cultural.

Reconstrucción histórica de la comunidad de Araya

Haraía Araya

Haraía, tierra mágica, heroica, con una historia bellísima por contar, territorio de una raza bravía que vivía en armonía de la caza y de la pesca, con el orgullo de ser dueños de un vasto territorio y de unas salinas de sal, aún vírgenes. Según la historia su nombre en lengua warao significa tierra que sobresale. Con este imponente calificativo se produce el encuentro o desencuentro entre los conquistadores y los aborígenes que poblaban con su encanto esta emblemática costa caribeña.

Según algunos historiadores, nuestros aborígenes, a parte de la caza y de la pesca, eran navegantes, recolectores de especies marinas, fabricantes de piezas de utensilios de barro; no tuvieron un desarrollo agrícola de gran relevancia (Millán, 2011:11) Las razas de Guaiqueries, arawuacos y Caribes, revelan en sus travesías y perfiles la fortaleza de una raza indómita que transfiguran nuestra esencia identitaria.

En ese proceso de indagación histórica de la genealogía peninsular, detectamos que esta fue una tierra habitada por militares españoles, filibusteros de origen holandés y otras nacionalidades que al mezclarse con nuestra raza dieron frutos diversos e ilustres que enaltecieron el gentilicio arayero. De allí que Reinales (1997:37) resaltara que:

> **Para esa época pertenecer a la Real Fuerza de la Fortaleza de Araya constituía un significativo honor por lo que estos hombres eran de buena e intachable conducta con finos modales y con unas excelentes condiciones conformaban los núcleos familiares, quienes en el futuro inmediato empezaron a dar a la región oriental y al país en general los mejores frutos de célebres hombres que honraron su gentilicio. Se pueden destacar entre las familias arayeras: los**

Riveros, Coronados, López, salmerón, Hernández, Rodríguez, Gómez, Rojas, Betancourt...

Es por ello que se afirma que Araya es la madre de todas las familias de Venezuela. Allí germinaron todas las semillas que después fueron esparcidas a lo largo y ancho del territorio venezolano. Este hecho hace de Araya una joya inolvidable. Sus huellas identitarias han quedado impresas en la existencia de grandes hombres de la historia.

La herencia ancestral de Araya se hizo presente con su atractiva salina; sin duda el colonizador con mirada inquisitiva captó la inmensa riqueza de nuestro territorio y salió en su afanosa búsqueda. De allí, la construcción de la fortaleza y los constantes enfrentamientos bélicos para defender las salinas.

Araya constituye el Municipio Cruz Salmerón Acosta, parroquia Araya. Limita al norte con el Mar Caribe y las islas de Coche y Cubagua; al sur con el Golfo de Cariaco; al este con la Laguna de Campoma y al oeste con el Mar Caribe. Esta parroquia está formada por una unidad de rocas metamórficas del crétaceo. Con una vegetación xerófila, escasos árboles y el aliciente de la brisa marina se conformó esta noble comunidad, cuya economía se sustenta en la explotación de la sal y la pesca.

Es interés investigativo indagar en las historias sumergidas de esta parroquia para penetrar en su alma diversa y en su compleja polifonía de prácticas, experiencias culturales, escenarios y tiempos que la conforman e ir al encuentro de esos nuevos territorios inéditos y reinventar su estética. En palabras de Reinales (1997: 53), debemos indagar en

> **El alma del sentimiento pueblerino como una expresión de su quehacer y rememorar en él, lo más profundo de sus sensibilidades autóctonas es su folklor, que da vida y renueva en su gente: sus tradiciones, sus leyendas, sus expresiones poéticas, su existencia, a través de su música, permitiendo en cada una de sus composiciones sus modos de sentir y ejecutar en sus fiestas las agradables canciones que ellas motivan. El folklor va unido a las gentes de los pueblos que con sus dones de inspiración, plasman el sentir de ellos mismos.**

Indaguemos, entonces en el arraigo de lo humano, la piedra fundacional de un territorio único y sin fronteras llamado Araya que se multiplica en vertientes y posibilidades de representación estética a través de la mitología y poética de sus imaginarios.

Reconstrucción histórica de la comunidad de Manicuare

La tierra de los "Líricos Ensueños", la tierra amada de Salmerón, se encuentra ubicada geográficamente en el estado Sucre, Municipio Cruz Salmerón Acosta, Península de Araya, Parroquia Manicuare, Frente a Cumaná y a orillas del Golfo de Cariaco. Limita por el Norte con Cerro Negro, por el Sur con el Golfo de Cariaco y por el este con Tacarigua y por el oeste: Detrás de la Vela (Los Conucos).

Mucho se ha hablado del origen del nombre de Manicuare. Las voces ancestrales decían que se debía a un Cacique llamado "Macuare". Otros estudiosos e historiadores lo relacionan con la plantación del Maní en la zona. Sin embargo, según estudios recientes confirman que el nombre de Manicuare peninsular está compuesto de la voz Chaima "mene" que significa pez, resina, cera, brea; y el sufijo "Ikuar" que en Cumanagoto significa lugar o quebrada de menes, esto es manadero de petróleo o pez.

Manicuare, tierra de étnias: Guaiqueries, Chaimas, Cumanagotos y Caribes; así lo coroboró el Barón Humboldt cuando visitó a este poblado el 19 de agosto de 1799, concretamente en el sector Chorochoro, donde consiguió a un grupo de indias trabajando el arte de la loza. Estudios antropológicos y arqueológicos revelan que el cerro conocido como el Indismo sirvió de intercambio comercial con las culturas occidentales del país por la variedad del material cerámico encontrado en esta zona. El barro surge en esta localidad como un prodigio divino debido a la necesidad sentida de Manicuare para la preparación y conservación de los alimentos de las familias de pescadores que se ubicaron en este paraje.

En Manicuare, cada casa tiene la huella deliciosa de sus alfareras de vocabulario secreto y amargo. Parecen mujeres de una ficticia esclavitud, de mujeres que aman el desierto azul de Manicuare, sus manos parecen enredadas en la arcilla, paraíso azul de un mundo contrario que se llena de historias. Nadie puede darse una idea de su doble vida de mujeres si no tiene delante de los ojos la intimidad de Chorochoro, nadie puede darse una idea de cómo viven estas criaturas de flor de piedras, si no convive con el espectáculo de sus patios y de sus arroyos marinos, nadie puede descubrir su antigua herencia, si no logra al mediodía traspasar las puertas salitrosas de sus frágiles viviendas, donde se esconde toda la libertad (Yradi,1992: 6)

Epílogo inconcluso

Esta travesía socio-simbólica caribeña recrea todo un mundo mágico- mítico donde la realidad de los sentidos y la imaginación se entrecruzan. Fue toda una expedición a los orígenes, al mito precolombino, a lo primigenio del ser caribeño, por ello a veces sentimos que se quebrantan las fronteras entre lo real y lo irreal, ubicando cada una de estas dimensiones en el lugar del otro. Todos estos imaginarios abogan por la cultura del encuentro, por ese ser colectivo que se gesta en cada espacio de la cotidianeidad, rescatando su caudal simbólico y mitológico para recrear los nuevos hilos de una identidad caribeña emergente que dé paso a una sociedad pluralista y multiétnica con diversidad de actores e ideas.

En este ejercicio de re-encuentro con lo humano y lo divino se combinaron aspectos socio-culturales con mitologías, creencias religiosas, magia y tradiciones populares, creando una familiaridad colectiva que son propias del sentir caribeño. Por ello a lo largo de esta expedición, los imaginarios que nos acompañaron mostraron a través de sus voces narrativas y poéticas que son parte de un transitar polisémico donde sus acciones y discursos se bifurcan, se funden, se extravían en un juego simbólico que trasciende los órdenes del pensamiento, de la imaginación, de la memoria; impregnados de mucha sensibilidad.

En esta ruta identitaria, comenzamos a unir los hilos accionales para redescubrir esa nueva dimensión humana del ser caribeño y la concebimos como una construcción étnica, geográfica, cultural, afectiva, poética que parte de un ideal representado en la memoria colectiva de los cultores populares e imaginarios de esta travesía. En tal sentido, emerge un imaginario alrededor de la silueta de lo que debe ser un caribeño peninsular. Cuando la memoria hace acto de presencia salen a flote sentimientos, actitudes, creencias, recuerdos que confirman o niegan ese imaginario en proceso de construcción.

Al proyectar las visiones del imaginario caribeño, en el intento de develar las vertientes socio-simbólicas del Caribe que construyen los imaginarios sociales y poéticos que pueblan el territorio peninsular, nos encontramos con la tesis de que el Caribe desde su génesis es una región de migraciones y transculturaciones. A lo largo de esta investigación, afloraron significativos elementos fusionados con las diferentes herencias española y africana, aunque haya alguna tendencia a negar la presencia del africano en nuestra cultura peninsular. Comparsas de carnaval, festividades de vírgenes, resonancias mitológicas, sus poéticas y danzas son apenas un muestrario cultural de la influencia europea y africana que aún ronda en los relatos y espacios del Caribe peninsular, como signo innegable de una transculturación que no solo dio como resultado uno de los rasgos más permanentes de nuestra alma indoamericana: el mestizaje; sino también nuestro sello de identidad caribeña como seres de invención.

Al recrear la Presencia Socio-Simbólica del Caribe Peninsular, buceando en los orígenes de su identidad mestiza, brotó algo nuevo en sus oralidades y es precisamente inmerso en este sincretismo que la poetización, sus creaciones musicales y sus ecos en narrativa pueden integrar al pueblo caribeño que hoy luce disperso, difuso y efímero. Para el cronista Carlos Isaba "la historia caribeña no existe, se ha perdido". ¿No existe o está sumergida? ¿Entonces qué cosa es esta magia seductora que envuelve cada narración, cada poética, cada tecla musical y toca las fibras más íntimas de nuestro ser?

Referencias Bibliográficas

Benítez, A (1998) **La isla que se repite.** Barcelona, España. Colección Ceiba. Editorial Casiopea.

Carpentier, A (1969) ***Tientos y diferencias***. México, UNAM

Castoriadis, C (1983) ***La Institución imaginaria de la Sociedad***. Barcelona. Tusquets.

---------------- (2006) **singular trayectoria**. **Una sociedad a la deriva**. Suplemento cultura. La Nación- Argentina.

Glissand, E (1985) ***El discurso antillano***. Monte Ávila, Caracas.

Lárez, R (2014) ***El discurso posdoctoral: incesante búsqueda y expansión de una experiencia de vida.*** Faro, Portugal.

------------- (2014) ***Pedagogía del siglo xxi y el reto de educar la sensibilidad: formación docente, diálogo de saberes, pensamiento complejo y teoría crítica***. México

Jelin, E. (2002) ***Los trabajos de la memoria***. Buenos Aires: Siglo XXI Editores,

Maffesoli, M (1997). ***Elogio de Razón sensible. Una visión intuitiva del mundo contemporáneo.*** Barcelona. Paidos.

-----------------(2003) ***El Imaginario Social***. Anthopos N° 198.

-----------------(2004) **El mundo intelectual desprecia al pueblo.** Entrevista en: El Nacional. Sección e. p.1.

----------------- (2013) **Entrevista en su visita a la Tadeo de Maffesoli.** Disponible en: boletín.utadeo.edu.co/es/noticia/especiales/ **[Consulta: jueves, 19/12 /2016]**

Millán, A (2011) ***Haraia, Araya. Fundación Editorial El perro y la rana.*** *Red Nacional de Escritores de Venezuela. Imprenta de Sucre.*

Ortiz, F. (1940). ***Contrapunteo cubano del tabaco y el azúcar.*** La Habana: Jesús Montero Editor

Reinales, C (1997*)* ***Araya contada por arayeros.*** Gobernación del estado Sucre, Cumaná, Venezuela

Yrady, B (1992) ***Exposición auspiciada por la unidad de recopilación y difusión del folklore de la Universidad de Oriente***. Coordinación de Publicaciones UDO- Núcleo de Sucre.

Evocaciones socio-simbólicas del Caribe desde la poética de vida de Jesús Núñez

PARROQUIA ARAYA

Estructura particular

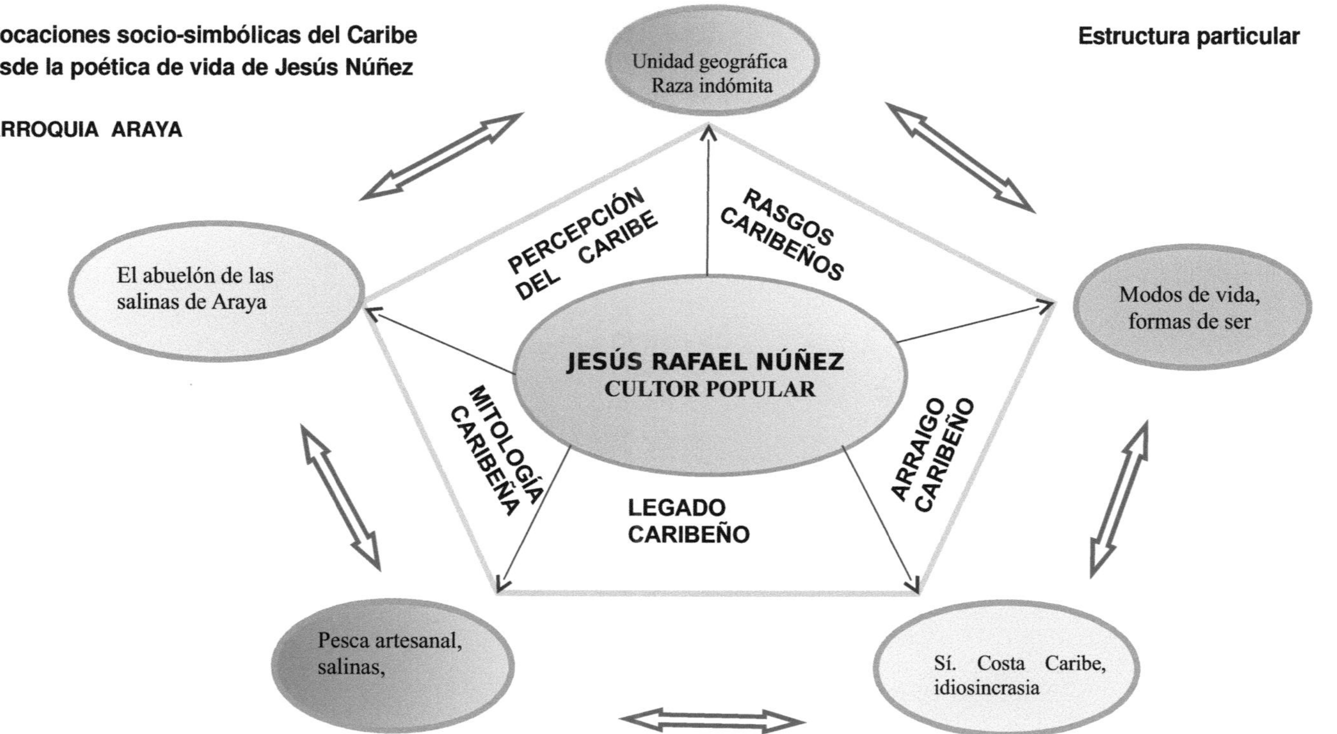

Fuente: Elaboración propia. Producto del trabajo investigativo

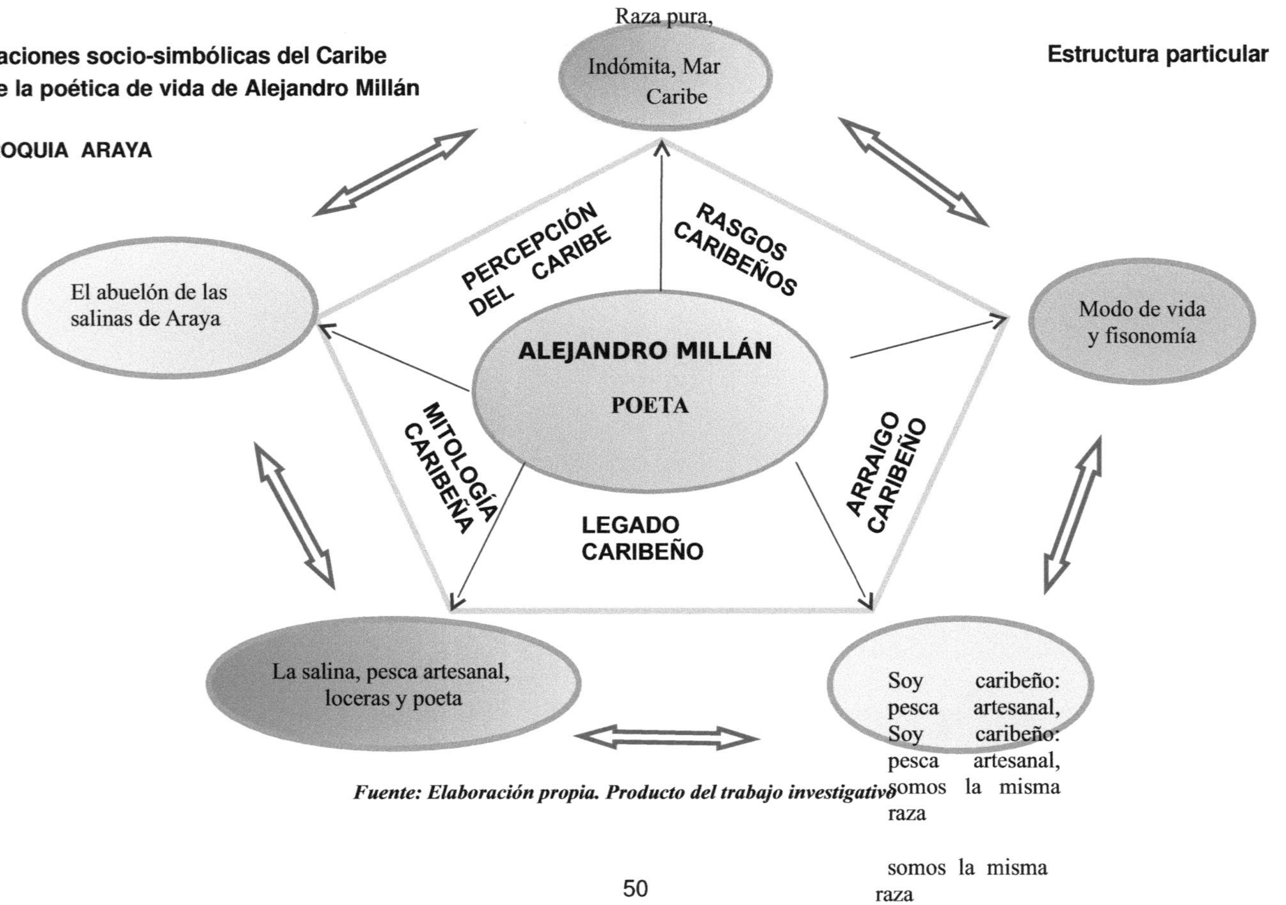

Fuente: Elaboración propia. Producto del trabajo investigativo

Evocaciones socio-simbólicas del Caribe desde la poética de vida de Leobaldo Vásquez

Estructura particular

PARROQUIA ARAYA

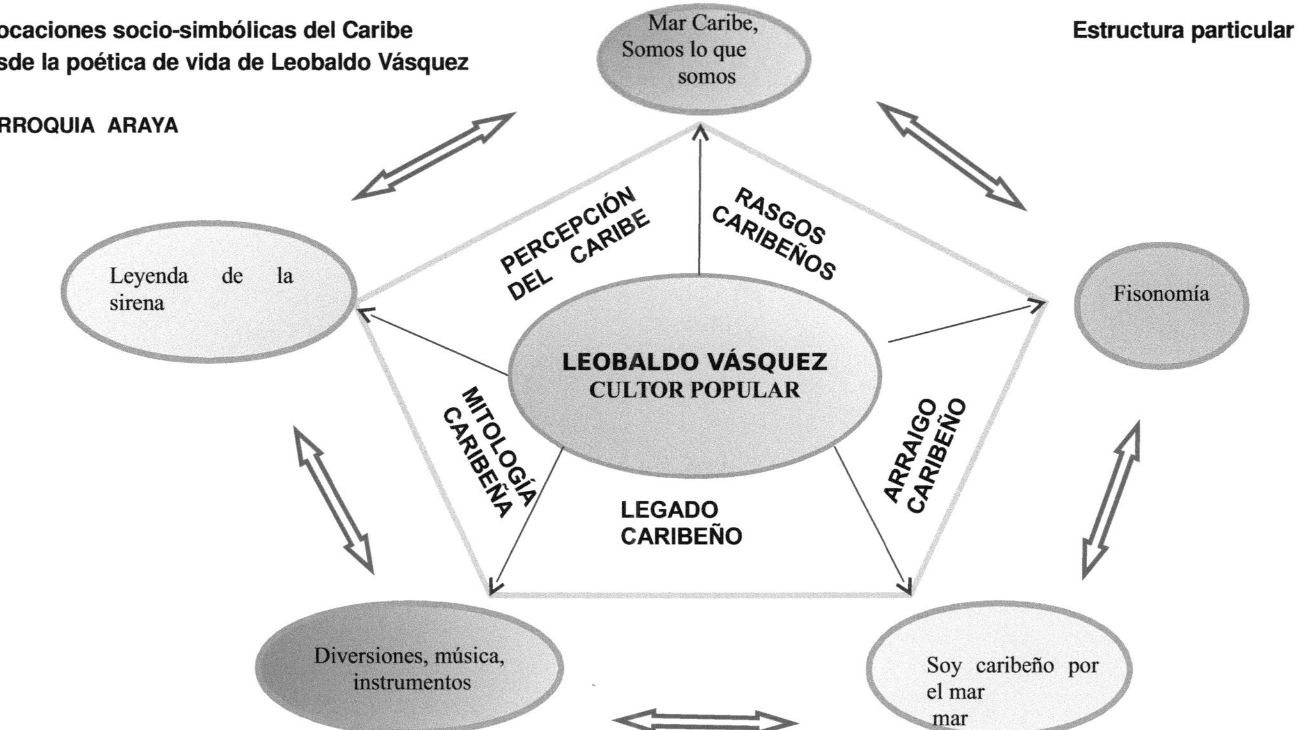

Fuente: Elaboración propia. Producto del trabajo investigativo

Evocaciones socio-simbólicas del Caribe desde la poética de vida de Asdrúbal Fuentes

Estructura particular

PARROQUIA ARAYA

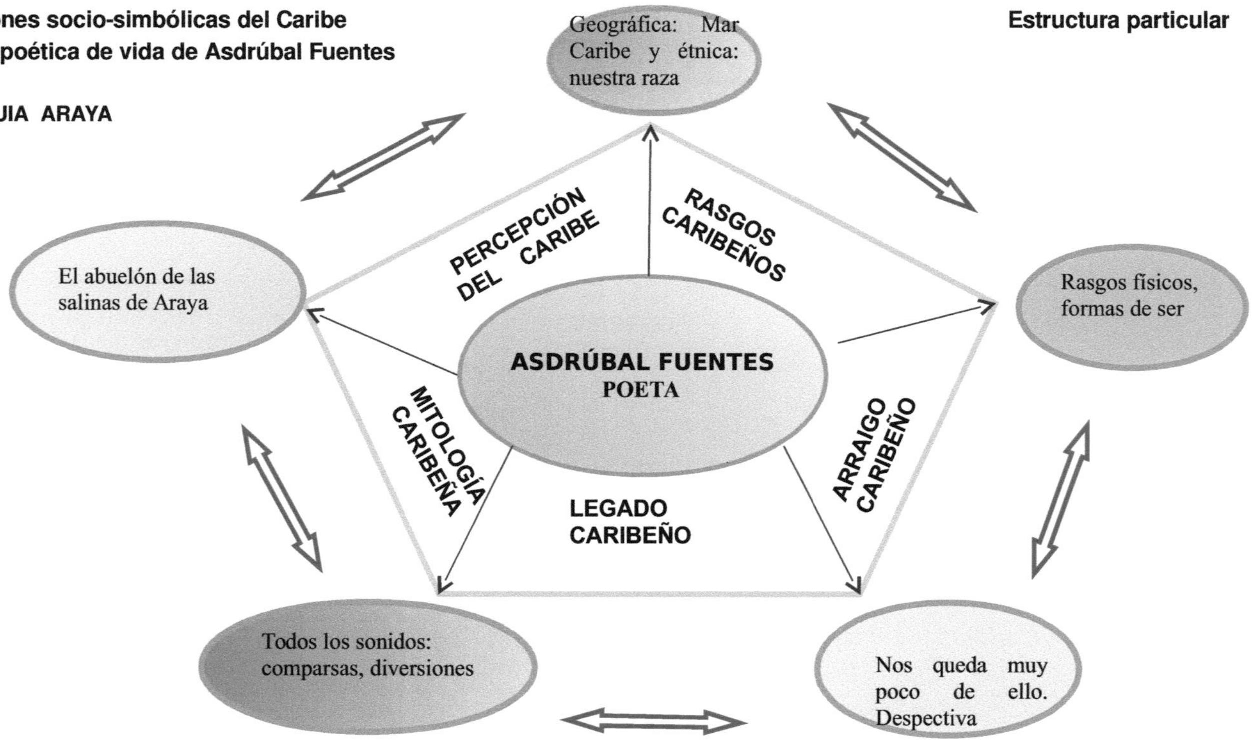

Fuente: Elaboración propia. Producto del trabajo investigativo

Evocaciones socio-simbólicas del Caribe desde la poética de vida de José Rivero

Estructura particular

PARROQUIA ARAYA

Es lo endógeno, étnias

PERCEPCIÓN DEL CARIBE

RASGOS CARIBEÑOS

Leyenda del fósil de una india

JOSÉ FRANCISCO RIVERO
CULTOR POPULAR

Rasgos físicos: pelo lacio

MITOLOGÍA CARIBEÑA

ARRAIGO CARIBEÑO

LEGADO CARIBEÑO

El trueque, cultura de la atarraya, tradición, forma de vida

Nuestra idiosincrasia y Mar Caribe

Fuente: Elaboración propia. Producto del trabajo investigativo

Evocaciones socio-simbólicas del Caribe desde la poética de vida de Aníbal Núñez

Estructura particular

PARROQUIA ARAYA

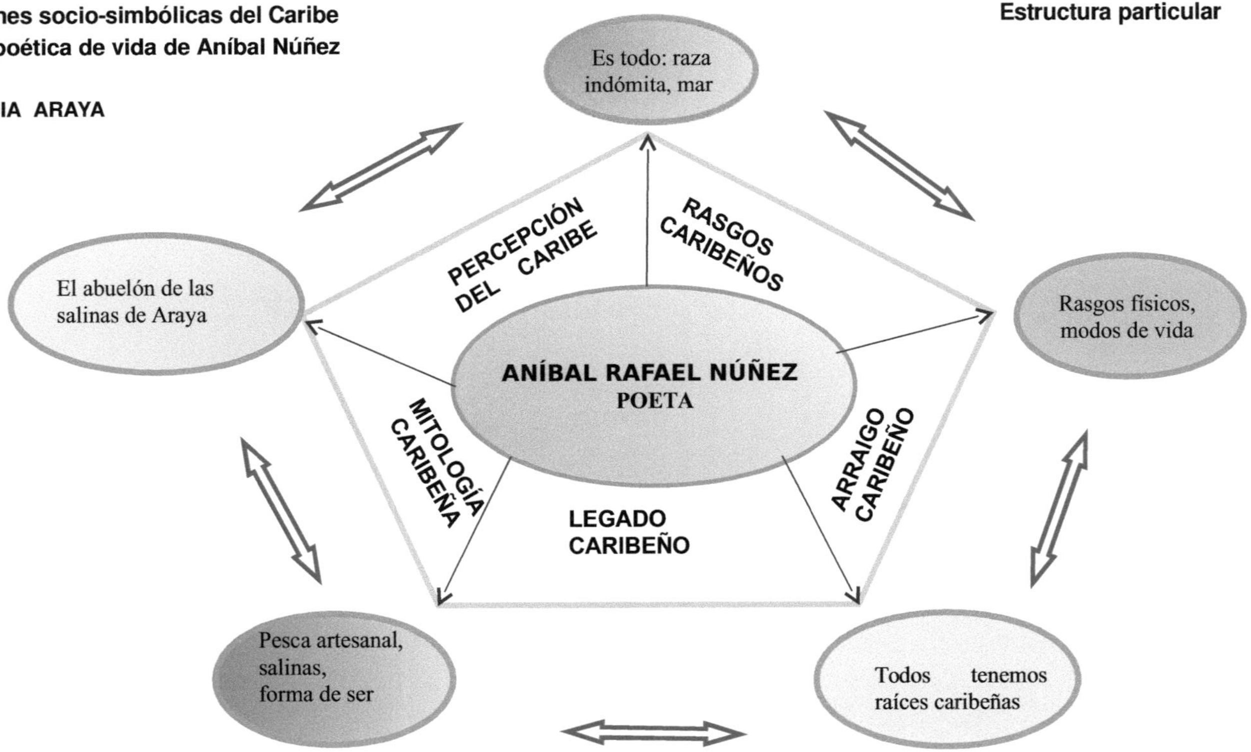

Es todo: raza indómita, mar

El abuelón de las salinas de Araya

Rasgos físicos, modos de vida

PERCEPCIÓN DEL CARIBE

RASGOS CARIBEÑOS

ANÍBAL RAFAEL NÚÑEZ
POETA

MITOLOGÍA CARIBEÑA

ARRAIGO CARIBEÑO

LEGADO CARIBEÑO

Pesca artesanal, salinas, forma de ser

Todos tenemos raíces caribeñas

Fuente: Elaboración propia. Producto del trabajo investigativo

Evocaciones socio-simbólicas del Caribe desde la poética de vida de Ramón Badaracco

Estructura particular

PARROQUIA ARAYA

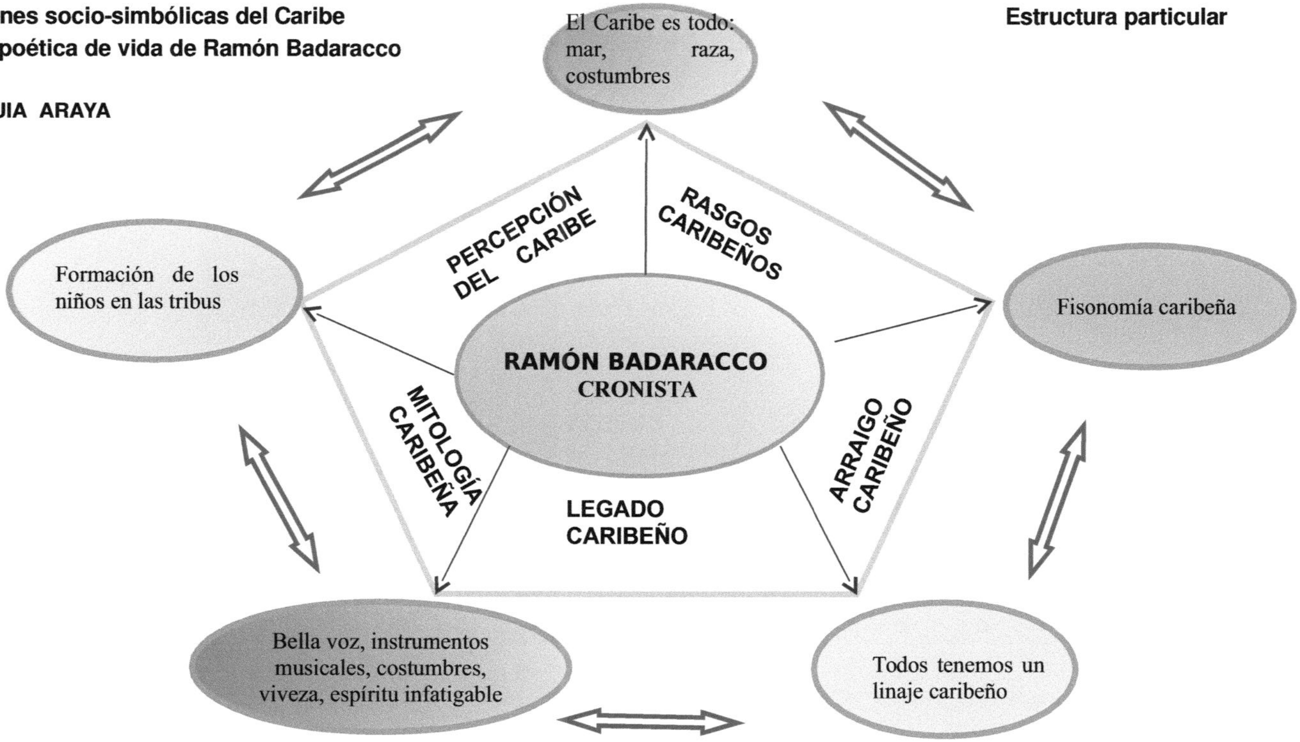

El Caribe es todo: mar, raza, costumbres

Formación de los niños en las tribus

Fisonomía caribeña

PERCEPCIÓN DEL CARIBE

RASGOS CARIBEÑOS

RAMÓN BADARACCO
CRONISTA

MITOLOGÍA CARIBEÑA

ARRAIGO CARIBEÑO

LEGADO CARIBEÑO

Bella voz, instrumentos musicales, costumbres, viveza, espíritu infatigable

Todos tenemos un linaje caribeño

Fuente: Elaboración propia. Producto del trabajo investigativo

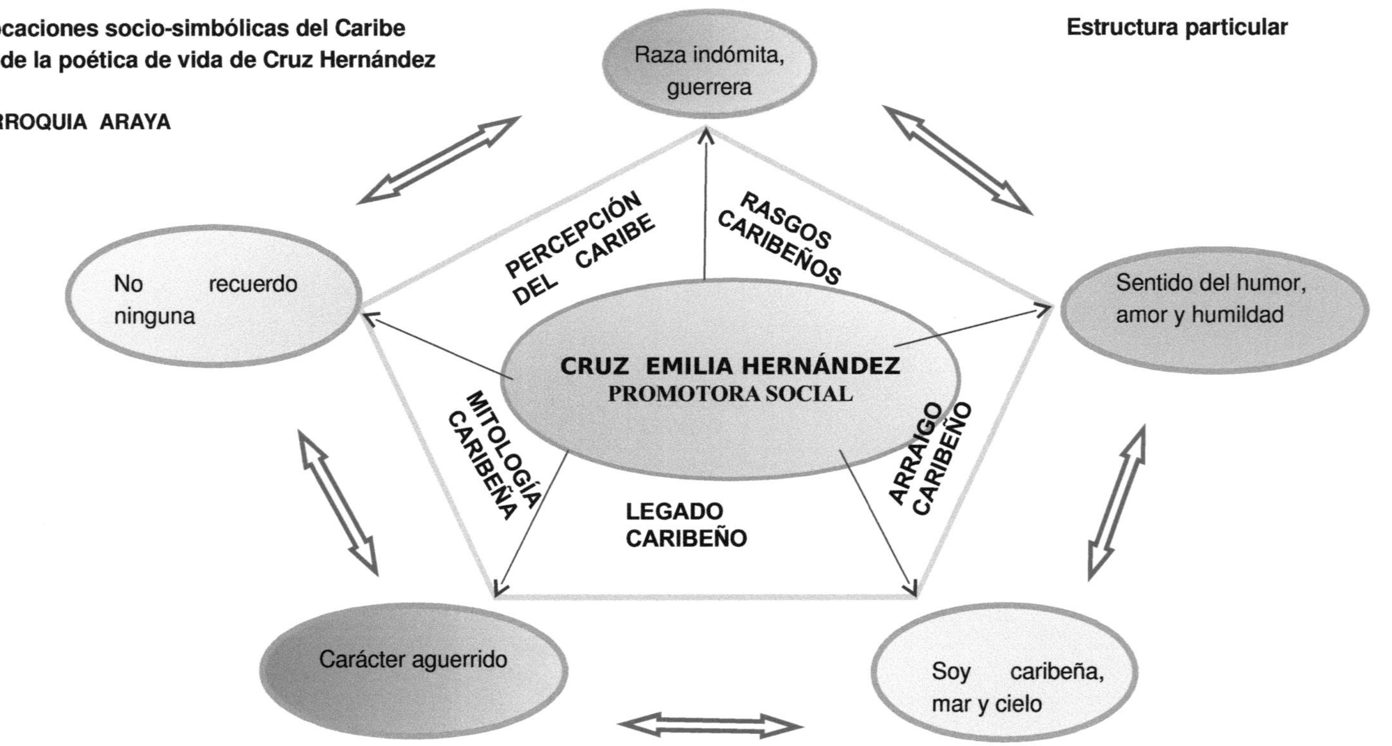

Fuente: Elaboración propia. Producto del trabajo investigativo

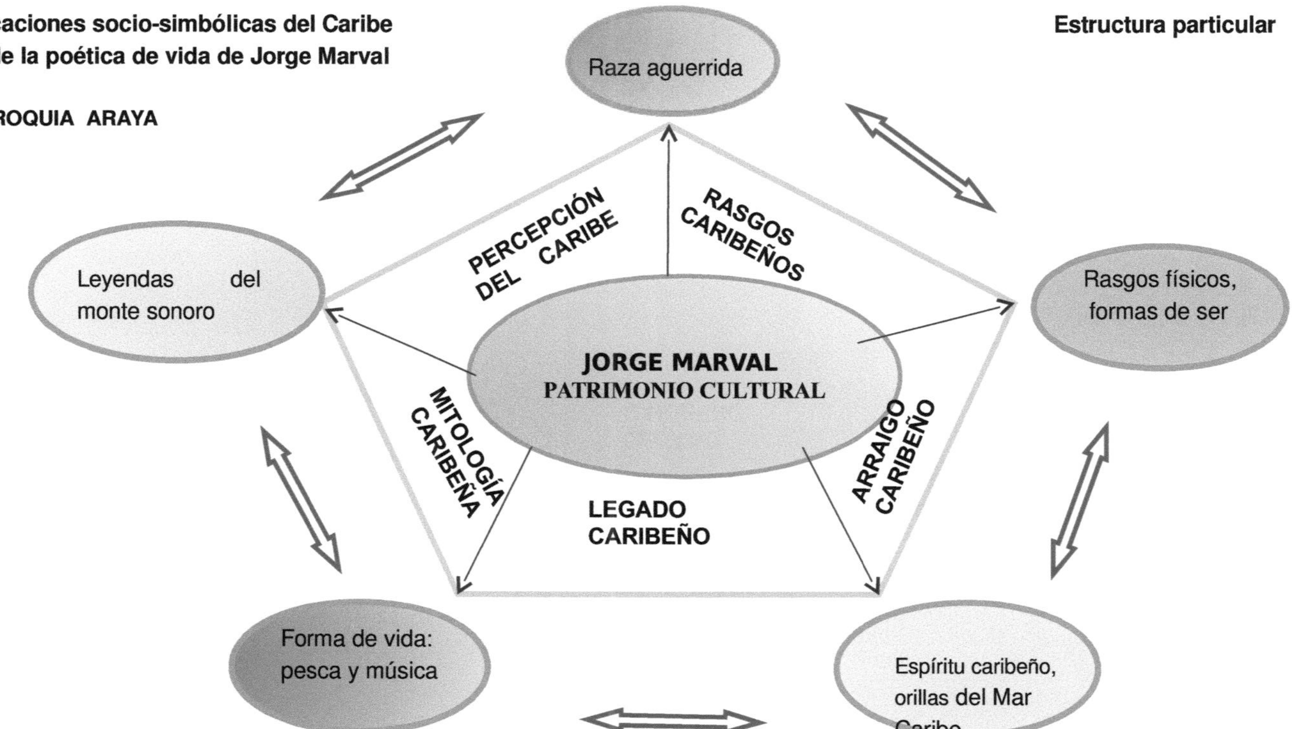

Fuente: Elaboración propia. Producto del trabajo investigativo

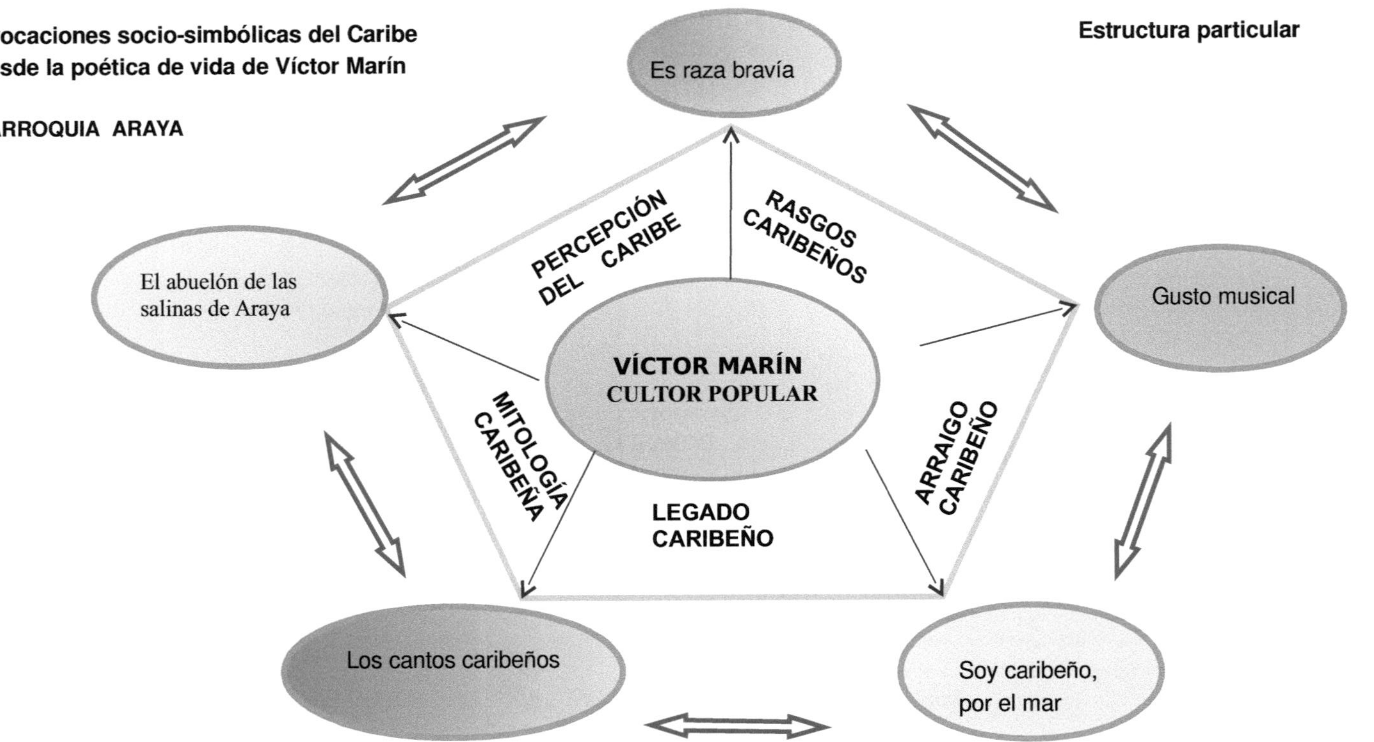

Fuente: Elaboración propia. Producto del trabajo investigativo

Evocaciones socio-simbólicas del Caribe desde la poética de vida de Carlos Isaba

Estructura particular

PARROQUIA ARAYA

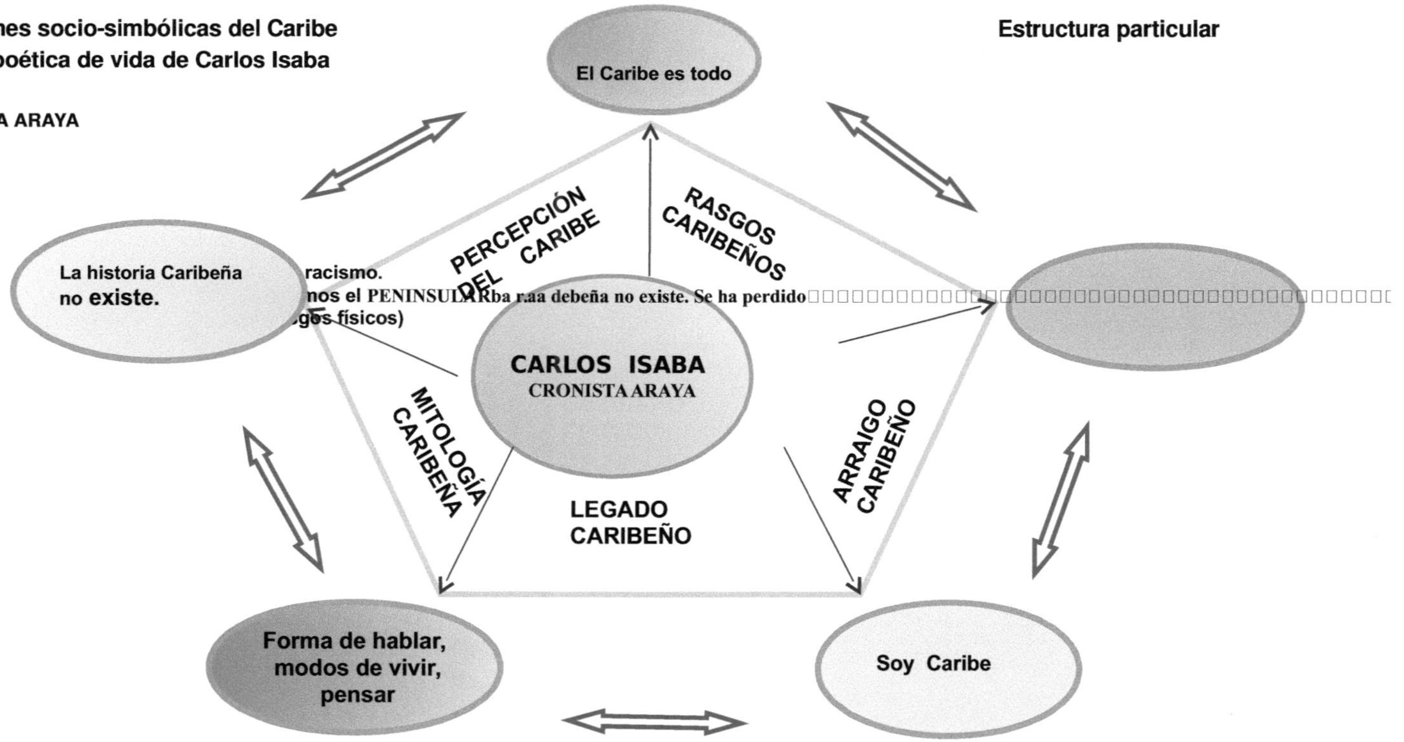

El Caribe es todo

La historia Caribeña no existe.

racismo.
nos el PENINSULARba r.aa debeña no existe. Se ha perdido
gos físicos)

PERCEPCIÓN DEL CARIBE

RASGOS CARIBEÑOS

CARLOS ISABA
CRONISTA ARAYA

MITOLOGÍA CARIBEÑA

ARRAIGO CARIBEÑO

LEGADO CARIBEÑO

Forma de hablar, modos de vivir, pensar

Soy Caribe

Fuente: Elaboración propia. Producto del trabajo investigativo

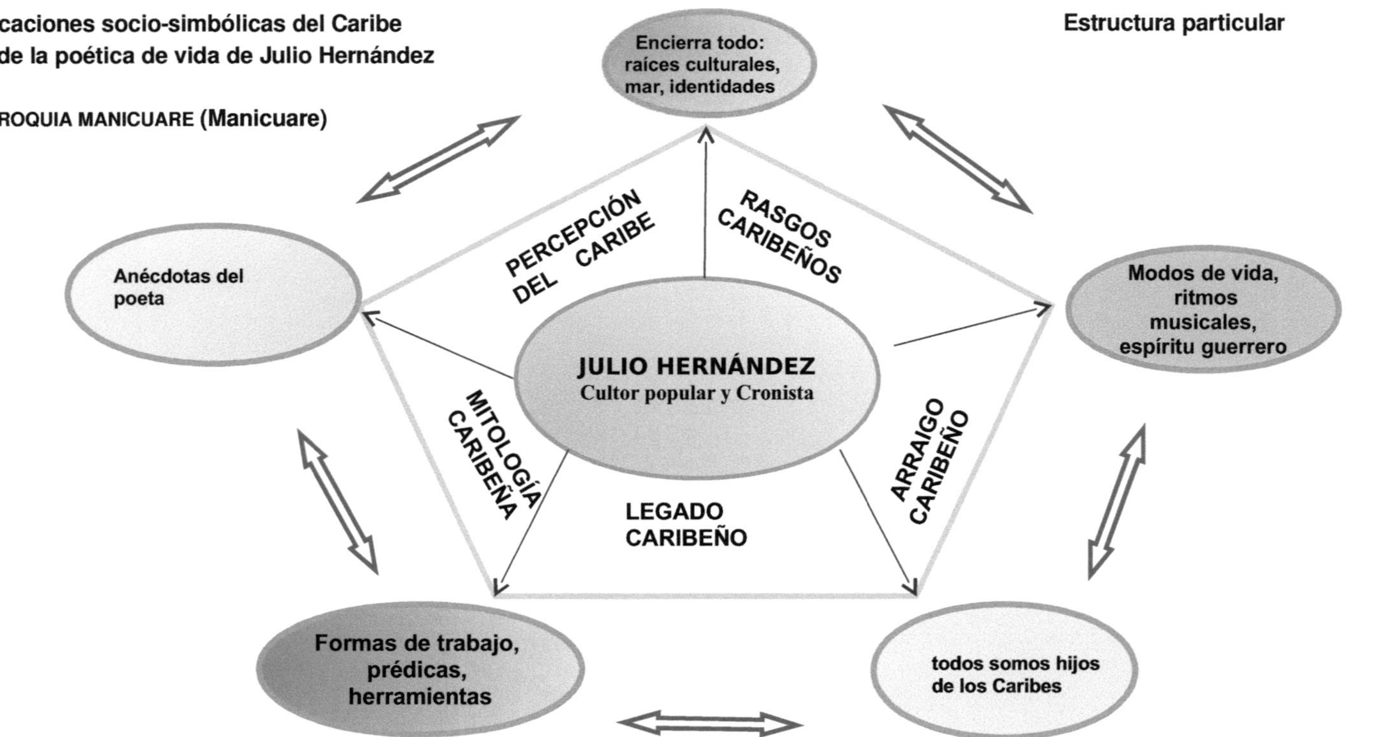

Fuente: Elaboración propia. Producto del trabajo investigativo

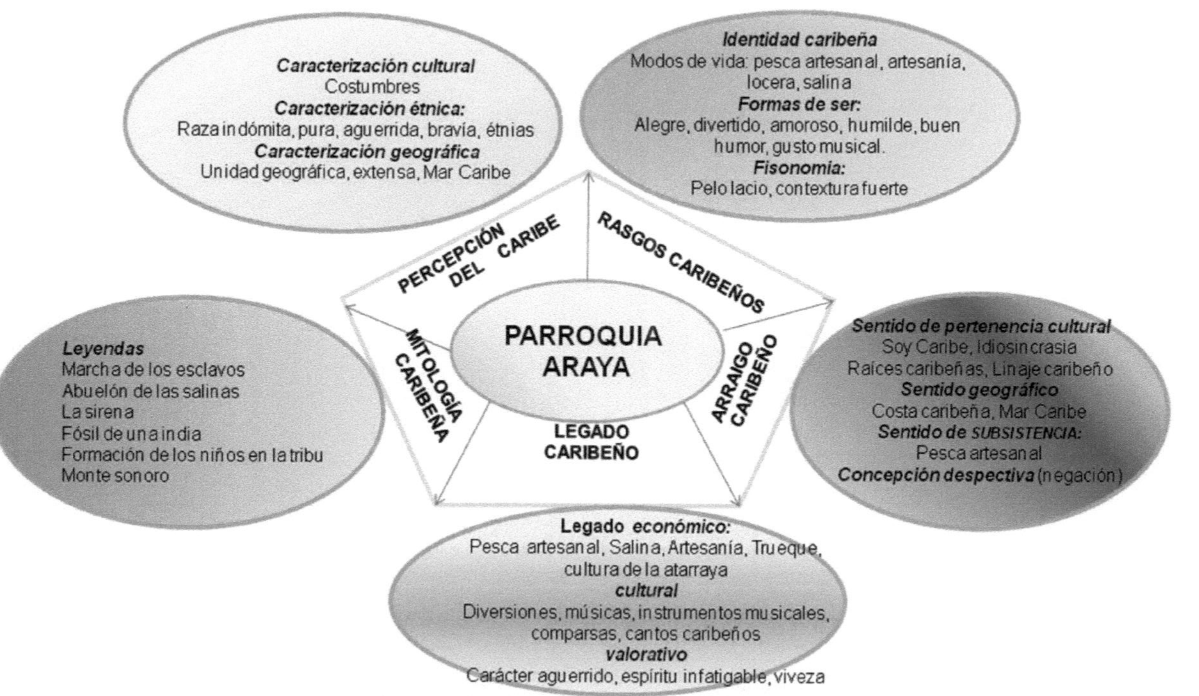

Fuente: Elaboración propia. Producto del trabajo investigativo

Printed by Books on Demand GmbH, Norderstedt / Germany